가짜뉴스

무엇이 문제일까?

가짜뉴스, 무엇이 문제일까?

초판 1쇄 발행 2024년 5월 30일

지은이 이재국

편집 이용혁
디자인 김현수

펴낸이 이경민
펴낸곳 (주)동아엠앤비
출판등록 2014년 3월 28일(제25100-2014-000025호)
주소 (03972) 서울특별시 마포구 월드컵북로 22길 21, 2층
홈페이지 www.dongamnb.com
전화 (편집) 02-392-6901 (마케팅) 02-392-6900
팩스 02-392-6902
이메일 damnb0401@naver.com
SNS

ISBN 979-11-6363-852-0 (43300)

※ 책 가격은 뒤표지에 있습니다.
※ 잘못된 책은 구입한 곳에서 바꿔 드립니다.
※ 이 책에 실린 사진은 게티이미지, 셔터스톡, 위키피디아에서 제공받았습니다.
그 밖의 제공처는 별도 표기했습니다.
※ 본문에서 책 제목은 『 』, 논문, 보고서는 「 」, 잡지나 일간지 등은 《 》로 구분하였습니다.

가짜뉴스 무엇이 문제일까?

진실을 압도하는 가짜뉴스, 그 실태와 극복 방안

이재국 지음

동아엠앤비

추천사

차분하게 진실을 담은 뉴스뿐 아니라 자극적인 가짜뉴스도 매일 우리를 찾아옵니다. 가짜뉴스는 혐오와 차별을 조장하고 선거에 영향을 미치며, 심지어 사람을 죽이고 전쟁을 일으키기도 했습니다. 가짜뉴스가 무엇인지, 어떤 의도로 만들어져 어떻게 확산되는지 그리고 이를 막으려면 어떤 노력이 필요한지를 생생한 사례와 함께 설명한 멋진 책입니다. 앞으로도 이어질 가짜뉴스와의 싸움은 이제 시작입니다. 가짜뉴스에 대한 모든 것이 담긴 이 책을 우리 모두에게 추천합니다. 미디어정보해독능력은 모두의 필수 교양이어야 합니다.

김범준 성균관대학교 물리학과 교수, 『세상 물정의 물리학』 저자

가히 가짜뉴스의 '퍼펙트 스톰(복합적 위기)' 시대입니다. 곳곳에서 민주주의의 위기를 알리는 경고음이 울리고 있습니다. 더 큰 문제는 가짜뉴스가 진화한다는 사실로, 이에 대처하려면 우리도 영리해져야 합니다. 개개인의 정보식별 능력과 비판 정신을 키우는 것이 근본적 해법이라 하겠습니다. 가짜뉴스의 역사와 작동 원리, 대책까지 두루 파헤친 이 책은 필수 안내로서의 자격이 충분하며 성인과 청소년 모두에게 일독을 권합니다.

이상복 JTBC 전문위원(전'정치부회의' 앵커, 전 보도국장)

머리말

가짜뉴스가 우리 사회에서 심각한 문제로 떠오르고 있습니다. 가짜뉴스는 개별적으로 누군가를 속이는 선에서 머물지 않고, 전체 사회에 혼란을 일으키고 공동체를 분열시키며 시민들의 의사결정 과정을 왜곡하기 때문입니다. 이 책은 사회악으로 등장한 가짜 뉴스를 올바로 이해하고 이에 대응하는 방법을 제시해 독자들이 정보의 바다를 현명하게 항해할 수 있도록 도움을 드리고자 마련됐습니다.

가짜뉴스는 사회적으로 아주 위험한 존재입니다. 사회 구성원들이 서로를 믿지 못하게 하며 모든 제도에 대한 신뢰를 파괴하고 사회집단 간의 갈등을 조장합니다. 개인적으로도 큰 해악을 끼칩니다. 중요한 의사결정의 순간, 잘못된 정보를 기반으로 해 선택할 경우 개인의 삶에 아주 해로운 결과가 나타날 수 있습니다.

이렇게 위험한 가짜뉴스에 대응하려면 이를 정확히 식별하는 능력이 요구됩니다. 이를 위해서는 정보 출처의 확인과 전문가에 의한 내용 검증, 비판적 사고 등이 필요합니다. 이 책은 이러한 대응 방법 또한 구체적으로 설명합니다. 이와 함께 가짜뉴스의 확산을 막기 위해 개인적인 차원에서 할 수 있는 일에는 어떤 것이 있는지도 다룹니다. 가짜뉴스에 대한 사회 전체의 대응 또한 필수적입니다. 교육 기관과 정부, 미디어, 플랫폼 기업 등 다양한 사회적 주체들이 협력하여 가짜뉴스에 맞서야 합니다. 이와 같은 사회적 대응에는 어떤 것이 있는지도 자세히 소개할 예정입니다.

이를 위해 1부에서는 먼저 가짜뉴스의 정의와 그 용어가 시간의 흐름에 따라 어떻게 진화해왔는지 살펴봅니다. 이를 통해 독자들은 가짜뉴스 현상을 이해하는 데 필요한 기본적인 사항을 알 수 있습니다. 또한 가짜뉴스의 다양한 유형을 소개함으로써, 풍자부터 조작된 콘텐츠에 이르기까지 가짜뉴스가 어떤 형태를 갖추고 있는지 보여줍니다. 이러한 유형별 분류는 가짜뉴스를 정확히 식별하고 이해하는 데 중요한 첫걸음으로 기능할 것입니다.

다음으로 2부에서는 가짜뉴스의 생산과 확산에 대해 다루고 있습니다. 가짜뉴스가 왜 만들어지는지, 또한 그토록 빠르게 퍼지는 이유는 무엇인지 이해하기 위해 가짜뉴스 생산의 동기와 확산의 메커니즘을 분석합니다. 이 과정에서 기술 발전이 가짜뉴스의 생성과 확산에 어떤 역할을 하는지도 살펴볼 것이며, 인터넷과 소셜미디어의 등장이 가짜뉴스 현상을 어떻게 변화시키고 또 가속시켰는지를 설명합니다. 이는 가짜뉴스가 단순한 정보의 왜곡을 넘어 사회적 정치적 영향력을 광범위하게 행사할 수 있게 된 배경을 이해하는 데 도움이 될 것입니다.

3부는 가짜뉴스가 사회에 미치는 해악을 깊이 있게 설명합니다. 가짜뉴스가 사회 집단 간 혐오와 차별을 조장하고 폭력을 유발하며 사회적 갈등을 심화시키는 한편, 국가 간 전쟁까지 불러일으키는 등 부정적인 결과를 초래하는 과정을 분석합니다. 또한, 민주주의의 꽃으로 불리는 선거 과정에서 가짜뉴스가 어떻게 사회 전반에 걸쳐 혼란과 불신을 확산시키는지 자세히 살펴봅니다.

마지막 4부에서는 가짜뉴스에 대응하기 위한 다양한 전략을 제시합니다. 정부의 정책 및 규제, 팩트체크 기관과 언론, 플랫폼 기업의 노력 그리고 인공지능 기술의 활용 가능성을 포함해 가짜뉴스를 효과적으로 막아내기 위한 방안을 탐색합니다. 이러한 대응 전략은 가짜뉴스의 확산을 억제하고 정보의 질을 향상시키며 사회의 신뢰도를 회복하는 데 중요한 역할을 할 것입니다.

가짜뉴스와의 싸움은 한 번으로 그치는 것이 아니라 지속적으로 진행해야 하는 과정입니다. 기술의 발전과 사회의 변화에 따라 가짜뉴스의 형태와 전략도 계속해서 진화합니다. 끊임없이 변화하는 정보 환경에 적응하고 새로운 모습으로 다가오는 거짓의 도전에 대비해야 합니다. 이 책이 이러한 준비의 출발점이 되어 가짜뉴스의 위험에 대처하고 참된 정보를 기반으로 하는 건강한 사회를 만드는 데 기여하기를 바랍니다.

차례

4부 가짜뉴스 문제의 대책

1부

가짜뉴스 해부

가짜뉴스 현상을 정확히 이해하기 위해서는 먼저 '가짜뉴스'라는 용어가 어떻게 정의되는지 그리고 시간이 흐르면서 이 용어가 어떻게 변화해왔는지 살펴볼 필요가 있습니다. 이러한 과정을 통해 가짜뉴스의 본질과 그 범위를 명확히 할 수 있기 때문이죠. 더불어 가짜뉴스의 여러 유형과 각각의 특성을 살펴보면서 이러한 정보가 어떻게 확산되는지에 대해서도 알아보겠습니다. 각 유형별 특징을 이해함으로써 가짜뉴스를 보다 쉽게 식별하고 그 영향력을 제대로 파악해 효과적인 대응 전략을 수립할 수 있습니다. 이제 가짜뉴스의 본질을 면밀하게 살펴보도록 하겠습니다.

1

가짜뉴스란 무엇인가

가짜뉴스의 정의

2023년 7월 서울 신림동에서 한 남성이 길을 가는 행인을 상대로 아무 이유 없이 흉기를 휘둘러 1명이 숨지고 3명이 다친 사건이 벌어졌습니다. 이 끔찍한 난동 사건 피의자로 붙잡힌 조선이라는 이름의 남성이 조선족이라는 의혹이 온라인 커뮤니티를 중심으로 퍼져나갔습니다. 조씨의 신상 공개를 알리는 기사에는 '한국인 유전자 아님', '귀화한 조선족일 것' 같은 댓글이 달렸습니다. 하지만 경찰은 조씨가 한국에서 태어난 한국 사람이며 가족 중에도 외국 국적을 가진 사람은 없다고 밝혔습니다.[1]

그러면 왜 조씨가 조선족이라는 가짜뉴스가 이토록 빨리 퍼져나갔을까요? 여러 이유가 있겠지만 아마도 일반 대중들이 지닌 편견도 주요 원인 중 하나였을 것입니다. 허위정보의 댓글을 올린 사람들은 한국에서 조선족이나 중국인이 범죄를 많이 저지를 것이라는 오해를 하고 있었을 가능성이 큽니다. 그러나 실제로 우리나라에서 강력범죄로 검거된 사람 가운데 중국인(조선족 포함)의 비율은 한국에 살고 있는 전체 중국인의 비율보다 훨씬 낮은 수준입니다. 2021년 자료를 보면 강력범죄를 저질러 검거된 중국인의 비율은 전체 강력범의 0.9%로 우리나라 전체 인구에서 중국인이 차지하는 비율인 1.6%에 비해 한참 낮은 것으로 조사 됐습니다.

사건을 완전히 날조한 정보가 사람들의 목숨을 위협할 정도로 중대한 위험을 불러온 사례도 있습니다. 지난 2016년 미국 대통령선거 기간에 확산된 '피자게이트'가 그것입니다. 이는 미국의 수도 워싱턴에 위치한 '코멧 핑퐁'이라는 피자 가게가 미국 민주당의 고위 인사들이 주도하는 아동 성매매 조직의 본거지라는 완전히 근거 없는 주장이 인터넷상에서 퍼진 것을 말합니다.[2] 처음부터 끝까지 모두 날조된 이 이야기는 온라인 커뮤니티와 소셜미디어를 통해

아동 성매매 조직 본거지라고 오해를 받은 '코멧 핑퐁'에 가짜뉴스에서 주장했던 지하실은 존재하지 않았다 ⓒ 뉴욕타임스

빠르게 퍼져나갔고 일부에서는 이를 사실로 믿기 시작했습니다. 사실 조금만 주의를 기울이면 이 이야기가 얼마나 황당한 것인지 알 수 있지만 안타깝게도 상당수 미국인이 이를 진실로 받아들였습니다.

그러던 중 어느 날 워싱턴에서 몇백 킬로미터 떨어진 곳에서 살던 한 남성이 이 피자 가게 앞에 나타나 가게를 향해 총격을 가하는 일이 벌어졌습니다. 피자게이트를 진실로 믿은 이 남성은 경찰이 제대로 조사하지 않는다고 생각하며 자신이 직접 피자 가게를 찾아가 확인하려 했다는 것입니다. 다행히 이날 총격으로 다친 사람은 없었지만, 가짜뉴스가 사람의 목숨까지 위협할 수 있다는 것을 보여준 사건이었습니다. 또한 가짜뉴스가 사람들의 생각과 행동에 얼마나 강력한 영향을 미칠 수 있는지, 또 어떤 방식으로 사회에 혼란과 불안을 조성할 수 있는지도 잘 나타냅니다.

위의 두 사례에서 알 수 있듯이, 가짜뉴스는 사실이 아닌 정보나 사실이지만 이를 과장하거나 왜곡한 것으로 사회 전반에 혼란을 일으킵니다. 이렇게 위험한 가짜뉴스 또는 허위정보는 진실된 정보와 똑같은 외양을 갖추고 있어 구별해 내기가 매우 어렵습니다. 가짜뉴스를 진짜와 구별하기 위해서 우선 가짜뉴스가 무엇인지 그 정의를 분명히 할 필요가 있습니다. 그리고 정의는 가짜뉴스가 가진 특징을 통해 명확히 할 수 있습니다.

가짜뉴스는 일반적으로 세 가지 주요 특징을 가지고 있습니다. 첫째로 정보의 허위성이 있습니다. 어떤 기사에 사실이 아닌 정보

가짜뉴스의 특징

정보의 허위성: 가짜뉴스는 사실이 아닌 정보를 포함하거나 사실을 과장 또는 왜곡하여 제시합니다.

기만적 의도성: 대중을 혼란스럽게 하거나 특정한 의견이나 태도를 조장하기 위해 의도적으로 만들어 냅니다. 정치적, 사회적, 경제적 목적에 따라 만들고 퍼뜨리는 경우가 많습니다.

진짜와 유사한 형식: 가짜뉴스는 종종 진짜 뉴스와 유사한 형식을 취하고 있어 독자들이 이를 진짜로 착각하기 쉽습니다. 이는 인터넷, 소셜미디어, 심지어 전통적인 뉴스 매체를 통해서도 퍼질 수 있습니다.

를 포함시키거나 사실을 과장 또는 왜곡하여 제시하는 것을 의미합니다. 간단히 말하자면 실제 사실이 아닌 가짜라는 것이죠. 둘째는 다른 사람을 의도적으로 속이려는 기만적 의도성입니다. 대중을 혼란스럽게 하거나 어떤 사안에 대해 특정한 의견이나 태도를 갖도록 조장하려고 의도적으로 사람들을 기만하고자 합니다. 셋째는 진짜처럼 보이도록 뉴스와 똑같은 형식을 갖추고 있다는 점입니다. 가짜뉴스는 진짜 뉴스와 동일한 외양을 취하고 있어 사람들이 진짜로 받아들이게 합니다.

그러나 위의 첫 번째 사례처럼 가짜뉴스가 전통적인 뉴스 형식만 취하는 것은 아닙니다. 소셜미디어상의 댓글이나 게시물 역시 가짜뉴스가 될 수 있습니다. 이러한 댓글이나 게시물은 상당수 검증되지 않은 정보를 담고 있으며, 누군가 의도적으로 허위정보를 퍼뜨리는 경우가 많습니다. 이는 대중의 의견을 오도하는 한편, 잘못된 정보를 기반으로 결정을 내리도록 유도하기도 합니다.

이와 같은 현상을 학문적으로 연구하는 학자들은 가짜뉴스를 '뉴스의 형식을 갖추고 내용을 조작해 대중을 기만하는 가짜 정보'로 정의합니다. 하지만 '뉴스'는 정보의 여러 형태 가운데 하나에 불과하다는 점에서 가짜뉴스의 개념을 좀 더 확장할 필요가 있습니다. 미국의 팩트체크기관인 폴리티팩트(PolitiFact)는 가짜뉴스를 '뉴스로 위장해 실제 사건처럼 보이게 만든 날조된 콘텐츠'로 정의했고 프랑스TV는 뉴스 형태의 미확인 루머와 선전 활동(프로파간다, propaganda), 낚시성 기사 등도 가짜뉴스에 포함시킨다고 선언한 바 있습니다. 미국의 일간지 《뉴욕타임스》 또한 가짜뉴스를 '독자를 기만하기 위해 고의적으로 날조된 가공의 기사'로 정의하고 클릭을 유도할 목적으로 작성된 기사들도 가짜뉴스로 취급합니다.

이러한 점을 고려해 이 책에서는 가짜뉴스의 범위를 넓혀 단지 뉴스 형식을 취한 것뿐 아니라 다른 형식으로 만들어진 다양한 형태의 정보까지 포괄할 예정입니다. 여기에는 대중을 속이거나 오도하는 '악의적 유언비어', '거짓 소문', '정치 프로파간다', '왜곡된 뉴스 보도', '뉴스 정보의 파편' 등이 들어갑니다. 유언비어는 근거 없이 널리 퍼진 소문을 의미하며 여기에는 사실이 아닌 내용이 포함되는 경우가 자주 있습니다. 프로파간다는 우리말로 선전이라고 번역되지만 원문 그대로 쓰기도 하는데, 원래는 정보 전파를 뜻해 가치중립적인 것이었지만, 현재는 특정 정치세력이 어떤 목적이나 이념을 지지하고 홍보하기 위해 사실을 왜곡하는 가짜뉴스를 의미하는 경우가 많습니다. 뉴스가 사실을 정확하게 전달하지 않고 의도적으로 정보를 왜곡하거나 중요한 부분을 생략하거나 사실과 다르게 해석하거나 오도하는 경우에도 가짜뉴스로 분류될 수 있습니다.

가짜뉴스 개념을 명확하게 하려면 유사 개념들과 비교해 볼 필요도 있습니다. 비슷하게 들리지만 실제로는 의미가 다른 개념들과 어떻게 구별되는지 보면 가짜뉴스가 무엇을 의미하는지 더욱 확실해지기 때문입니다. 유사 개념 중에 먼저 오정보(misinformation)가 있습니다. 오정보는 사실이 아닌 정보를 포함하지만 사람들을 속이려는 의도가 없는 것을 말합니다. 오정보는 실수나 오해에서 비롯되며, 의도성 없는 소문이나 루머가 여기에 포함됩니다. 루머는 사람들 사이에 확산된 정보로서 진위가 확인되지 않은 진술을 의미합니다. 루머는 검증되지 않은 정보이지만 불확실성이 높거나 위험한 상황에 놓인 사람들이 그 위험을 이해하고 적절히 관리하기 위해 서로 공유하기도 합니다. 때로는 의도적으로 부정적 영향을 미치려는 가짜 정보가 루머에 포함되는 경우도 있지만, 모든 루머가 잘못된 정보나 의도된 거짓말이라고 단정 지을 수는 없습니다. 실제로 루머 중에는 나중에 사실로 밝혀지는 경우도 많습니다.

언론사의 오보도 오정보의 범주에 속합니다. 오보는 뉴스 매체나 기자가 실수로 잘못된 정보를 보도하는 경우를 말하며 이는 대개 사실 확인 과정에서의 실수나 오해, 또는 잘못된 출처의 사용으로 인해 발생합니다. 오보는 의도적으로 만들어진 것이 아니며 대부분의 경우 뉴스 매체가 오류를 인지하면 정정 보도를 통해 사실을 바로잡는 과정을 거칩니다.

가짜뉴스 또는 허위정보의 다른 유사 개념으로 유해정보(malinformation)도 있습니다. 유해정보는 타인에게 해를 끼치려는 의도로 유통되는 정보이지만 사실을 기반으로 한다는 점에서 가짜뉴스와 차이가 있습니다. 이러한 유해정보는 사실적인 내용을 포함하고 있지만, 그 정보의 사용 방식이나 공개 시점이 문제를 일으키는 경우가 많습니다. 예를 들어 개인의 사생활이나 민감한 개인 정보가 공개돼 해당 개인이나 단체에 해를 끼치는 경우가 발생할 때 이를 유해정보라고 합니다.

이러한 정보는 사실일지라도 공개될 경우 사람들에게 부정적인 영향을 미치거나 큰 사회적 혼란을 야기합니다. 유해정보의 대표적인 예로 프랑스 대통령 에마뉘엘 마크롱의 이메일 유출 사건이 있습니다. 2017년 프랑스 대선의 공식 선거운동이 종료되는 5월 5일 밤 12시를 몇 시간 앞두고 마크롱 후보 측의 이메일과 회계문서 등 9기가바이트 분량의 자료가 온라인에 공개되는 사태가 발생했습니다. 문제의 자료는 마크롱 후보 캠프의 이메일을 해킹한 내용으로, '마크롱 유출(#MacronLeaks)'이라는 해시태그를 달고 SNS를 통해 순식간에 퍼져나갔습니다. 이 해시태그는 3시간

반 만에 무려 4만 7,000번이나 사용되었고, 이메일 내용과 관련 없는 불명확한 루머와 오정보도 함께 퍼져나갔습니다. 프랑스에서는 선거일 하루 전부터 공식 선거운동과 언론 보도를 중단해야 하는데, 마크롱 후보 측에서는 공식 선거운동 금지 기간을 단 몇 분 앞두고 '조직적인 대규모 해킹의 피해를 봤다'는 입장을 가까스로 발표할 수 있었습니다. 물론 이 사건에서 일반에 공개된 이메일이 실제 마크롱 캠프의 것이었다는 점에서 가짜뉴스는 아니었습니다. 그러나 선거운동 금지 기간 몇 시간 전에 사적인 정보를 공개했다는 점에서 마크롱 캠프의 선거운동에 피해를 미치려는 의도가 명백해 유해정보로 분류됩니다.

'가짜뉴스' 용어의 변화

황색 언론과 가짜뉴스

가짜뉴스는 오래전부터 다양한 형태로 사회에 존재했습니다. 그러나 '가짜뉴스'라는 용어가 현재의 의미로 쓰인 역사는 그리 길지 않습니다. 1890년대 이전까지 영어권에서는 이 개념을 지칭하는 것으로 거짓 뉴스(false news)라는 표현이 주로 사용되었는데 이후 점차 가짜뉴스라는 용어로 대체되기 시작했습니다.[3] 그런데 이러한 용어 사용의 변화가 19세기 후반에 시작된 것은 결코 우연이 아니었습니다.

프레데릭 버 오퍼의 풍자 그림(1894)

이 시기는 당시 대중매체로서 지배적인 위치를 차지하던 신문이 더 많은 독자를 확보하기 위해 치열한 경쟁을 벌일 때였습니다. 신문들은 대중의 관심을 끌고 독자를 한 명이라도 더 늘리기 위해 선정적이고 과장된 기사를 무차별적으로 보도했습니다. 당시에도 신문들의 이러한 행태는 우려를 불러일으켰으며, 만평에도 노골적인 모습으로 나타납니다. 프레데릭 버 오퍼(Frederick Burr Opper)는 가짜뉴스를 제작해 유포하는 기자를 그려 당시 신문사들을 풍자했습니다.

이처럼 영리를 목적으로 사실이 아닌 날조된 가짜뉴스까지 서슴지 않고 보도하는 신문을 '황색 언론(yellow journalism)'이라고 부릅니다. 이 말은 가짜뉴스와 선정적인 저질 기사를 무차별적으로 싣던 신문을 풍자한 오퍼의 만평에서 이들 신문을 노란색으로 칠했던 데서 유래합니다. 황색 언론은 눈길을 끄는 제목을 비롯해 멜로드라마와 같은 기사 구성 방식, 진실 여부에 크게 구애받지 않는 태도

등을 특징으로 합니다. 당시 미국 신문 업계의 양대 기업이었던 조셉 퓰리처(Joseph Pulitzer)와 윌리엄 랜돌프 허스트(William Randolph Hearst)가 신문 부수 확장을 위해 치열하게 경쟁하며 가짜뉴스와 선정적 보도를 쏟아낸 결과, 황색 언론은 당시 신문의 주류를 차지하게 됐습니다. 신문들의 이러한 접근 방식은 판매량을 늘리고 대중의 관심을 사로잡는 데는 성공적이었지만 뉴스의 정확성과 언론의 진실성을 희생한 것이었습니다. 이 때문에 황색 언론을 가짜뉴스의 출발점으로 보기도 합니다.

물론 황색 언론이라는 용어가 등장하기 전에도 신문 부수를 늘리기 위해 선정주의와 가짜뉴스를 무기로 삼는 신문은 존재했습니다. 1835년 8월 25일 미국의 《뉴욕 선(New York Sun)》은 영국의 천문학자인 존 허셜(John Herschel)이 대형 망원경을 통해 '매우 아름다운 천문학적 발견'을 했다는 가짜뉴스를 실었습니다. 허셜의 동료인 앤드류 그랜트(Andrew Grant) 박사가 보내왔다는 기사는 달에 사는 생명체와 관련된 허무맹랑한 소식으로 가득했습니다. '큰 산과 초목이 무성한 숲 그리고 뿔을 가진 네발짐승을 발견했다', '달에서 아홉 종의 포유류

'The Great Moon Hoax' 기사의 '인간박쥐' 삽화

와 다섯 종의 난생동물들을 분류하는 데 성공했다', '큰 날개를 가진 인간박쥐를 찾아냈다' 등 공상소설에 가까운 이야기가 그럴싸한 그림들과 함께 신문 지상을 채웠습니다. 보름 만에 이 모든 내용이 허위라는 사실을 밝힌 건 《뉴욕 선》 자신이었습니다. 그랜트 박사는 신문사가 만들어 낸 허구의 인물이었고, 관련 사실이 실려있다던 학술지는 이미 폐간된 상태였습니다. 신문이 독자들을 상대로 허무맹랑한 장난을 친다는 것은 지금은 상상하기 어렵지만 'The Great Moon Hoax'로 알려진 이 가짜뉴스 보도를 통해 《뉴욕 선》은 순식간에 전 세계에서 가장 많이 팔리는 신문이 되었습니다.[4]

1874년 《뉴욕헤럴드(New York Herald)》의 '센트럴 파크 동물원 탈출' 기사 역시 독자 수 증가를 노린 가짜뉴스의 대표적 사례입니다. 1874년 11월 9일, 《뉴욕헤럴드》는 센트럴 파크 동물원을 탈출한 동물들이 도시를 휩쓸고 다닌다는 내용의 기사를 신문 1면 전체에 실었습니다. 교회 안에서 발견된 사자, 하수구에 빠진 코뿔소, 거리에서 싸우는 사자와 호랑이, 기린을 잡아먹으려는 아나콘다 등 아수라장이 된 도시의 모습이 다양한 삽화와 함께 묘사되었습니다. 기사는 경찰과 주방위군이 맹수들과 영웅적으로 싸우고 있지만 이미 49명의 시민이 사망하고 200명이 부상을 당했다며 사상자 명단까지 공개했습니다.

사육사의 몸에 커다란 뿔을 꽂아 넣은 코뿔소, 사람의 사체 위에 앉아 머리를 갉아 먹는 표범, 한 노파의 어깨 위로 뛰어올라 그녀의 목에 송곳니를 찔러 넣은 맹수 등 뉴욕 시내에 벌어진 끔찍한 현장은 기사 제목 그대로 '끔찍한 재앙'이었습니다. 기사 내용 중에는

"야생 동물들이 포획되거나 사살될 때까지 집 안에서 나오지 마라"고 당부하는 뉴욕 시장의 호소문도 포함되어 있어 시민들의 공포를 키웠습니다. 하지만 신문 한 면을 가득 채운 장문의 기사 끝에 달린 작은 글씨들은 독자의 눈에 쉽게 띄지 않았습니다. "위에 제시된 모든 이야기는 순전히 날조다. 단 한 마디도 진실이 아니다."

EXTRA! EXTRA!! EXTRA!!
ILLUSTRATING THE AWFUL CALAMITY
DESCRIBED IN THE
NEW YORK HERALD.
THE WILD ANIMALS BROKEN LOOSE FROM CENTRAL PARK!!
Terrible Scenes of Mutilation!!
SAVAGE BRUTES AT LARGE!!!

'센트럴 파크 동물원 탈출 기사 사건'을 다룬 1893년 《뉴욕헤럴드》 기사

19년이 흐른 뒤 《뉴욕헤럴드》의 편집자였던 토마스 코너리(Thomas Connery)는 자신이 이 사기극의 연출자라고 고백했습니다. 동물원에서 표범이 탈출할 뻔한 모습을 목격한 뒤 동물원 상황에 대한 대중의 관심을 불러 일으킬 만한 가짜뉴스 아이디어를 떠올렸다는 것입니다. 그는 '해롭지 않은 작은 사기극'을 노렸다지만 기사 내용을 실제로 믿은 뉴욕 시민들은 두려움에 빠져 총기로 무장한 상태에서 집을 지켰고 경찰이 동원되는 등 도시는 혼란과 공포에 빠졌습니다. 가짜뉴스 안에서뿐만 아니라 실제로도 시민들을 공포에 빠뜨린 《뉴욕헤럴드》는 수많은 비판에도 불구하고 그 어떤 반성도 하지 않았고 1870년대 세계

에서 가장 영향력 있는 신문이라는 지위를 그대로 지켰습니다.

이러한 황색 언론은 100여 년이 지난 지금에도 여전히 막강한 영향력을 발휘하고 있습니다. 황색 언론이 남긴 선정주의와 과장, 사실보도 무시 등의 유산은 현대에 와서 가짜뉴스라는 현상으로 이어지고 있습니다. 기술이 발전하면서 종이신문만 있었던 시대는 지나고 방송과 인터넷, 소셜미디어 등 각종 미디어 플랫폼이 출현했습니다. 그러나 경제적 이익과 정치적 영향력을 목적으로 한 선정주의의 기본 원칙은 모든 미디어에 걸쳐 여전히 위세를 떨치고 있습니다.

앞서 소개한 우리나라와 미국의 사례와 같이 가짜뉴스는 소셜미디어와 온라인 커뮤니티 등 다양한 디지털 플랫폼을 통해 전파됩니다. 이러한 과정에서 플랫폼이 예전 황색 언론의 역할을 하며 진실된 정보의 공급이라는 언론의 근본 가치를 허물어뜨리는 결과를 낳고 있는 것이죠. 수많은 정보를 글과 동영상 등 다양한 형태로 접할 수 있는 세상이 됐지만, 진실은 오히려 찾기 어려운 역설적인 상황이 돼 버렸습니다.

시사 풍자로서의 '가짜뉴스'

가짜뉴스라는 말이 항상 나쁜 의미로만 사용된 것은 아니었습니다. 이 용어는 사실 미국의 미디어가 오랫동안 '풍자적 가짜뉴스'의 뜻으로 써 왔습니다. 풍자적 가짜뉴스는 전통적인 방송뉴스 형식을 모방해서 시사와 정치, 사회

실제 뉴스처럼 진행되는 Weekend Update

문제를 논평하면서 유머와 풍자를 전달하는 텔레비전 프로그램을 나타내는 표현이기도 합니다. 미국 NBC방송의 코미디 프로그램 'Saturday Night Live(SNL)'의 한 꼭지인 'Weekend Update'는 이와 같은 가짜뉴스의 대표적 사례입니다. Weekend Update는 특히 미국 대통령 선거 기간 방송뉴스의 친숙한 형식을 사용하면서 과장된 유머와 아이러니를 사용해 선거 토론과 후보자의 실수 등을 비롯해 전반적인 정치 문제를 자주 다뤘습니다.

이 꼭지의 진행자는 일반적인 뉴스 방송의 앵커처럼 뉴스데스크에 앉아 프로그램을 진행합니다. 프로그램 로고가 있는 책상과 방송 중인 뉴스 기사와 관련된 제목이나 이미지를 표시하는 배경, 때로는 실제 뉴스 프로그램에서 사용되는 것과 유사한 화면 그래픽 등의 요소가 사용됩니다. 'The Daily Show'나 'The Colbert Report' 등의 프로그램 역시 뉴스와 코미디를 결합해 심각한 문제를 재미있게 전달하는 방식으로 큰 인기를 끌었습니다. 여기서 가짜뉴스는 사회 문제에 대한 논평을 위한 도구인 동시에 오락의 한 형태로 일반 대중에 제공되는 프로그램을 가리키는 데 사용되는 용어이기도 합니다.

'가짜뉴스' 용어에 대한 비판

그러나 가짜뉴스의 의미는 최근 더욱 부정적으로 바뀌기 시작했습니다. 이러한 전환은 특히 2016년 미국 대통령 선거 기간에 발생했는데, 선거와 직간접적으로 관련된 허위정보가 인터넷에 범람하는 것을 묘사하는 데 사용되었습니다. 선거 기간 인터넷에 홍수를 이루었던 이들 가짜뉴스는 뉴스의 사건을 풍자하거나 희극적으로 해석한 것이 아니라 여론을 호도하고 조작하기 위해 고안된 조작된 기사였습니다. 선거에서 이기기 위해 또는 이를 이용해 돈을 벌기 위해 가짜를 만들어 낸 것이었죠. 이 새로운 유형의 가짜뉴스는 SNL의 풍자뉴스와 달리 겉으로는 전통적인 뉴스의 모습을 갖추었지만, 사실적인 근거 없이 대중들의 정치적 견해에 영향을 미치거나 금전적 이익을 위해 날조된 경우가 대부분이었습니다.

이제 가짜뉴스는 소셜미디어나 온라인 커뮤니티 등 디지털 플랫폼이 사용하는 알고리즘의 영향으로 급속도로 확산하는 모습을 보이고 있습니다. 플랫폼의 알고리즘은 기본적으로 이용자의 관심을 강하게 끌고 이를 오래 유지하도록 설계돼 있습니다. 100여 년 전 황색 언론이 선정적 보도를 일삼은 것과 마찬가지로 회사의 이익을 위해 소비자들의 시선을 끄는 데만 집중하는 것이죠. 알고리즘은 기사의 진실 여부를 중요하게 여기는 것이 아니라 이용자의 눈길 끌기에 그 기준을 맞추고 있습니다. 알고리즘이 이러한 기준으로 선택해 소비자들에게 제시하는 기사 가운데 가짜뉴스는 '관심을 끌도록 조작됐기 때문에' 즉각적인 반응을 불러일으켜 널리 공유되는 경우가 많습니다. 그 결과는 정말 심각합니다. 이렇게 확산된 허위정보로 인해 대중들은 허위를 진실로 잘못 알게 돼 사회적 혼란이 야기되며 최악의 경우에는 국가의 미래를 좌우할 선거 결과에 영향을 미치기도 합니다.

최근에는 가짜뉴스라는 용어를 쓰지 말아야 한다는 목소리가 커지고 있습니다. 일부 정치인들이 자신의 정치적 목적에 따라 이 용어를 사용해 '뉴스' 자체에 대한 신뢰가 떨어지고 있기 때문에 가짜뉴스라는 말 자체를 폐기해야 한다는 주장입니다. 뉴스는 사실을 전제로 하는 것인데 그 앞에 '가짜'라는 말을 붙여 사용함으로써 뉴스에 대한 대중의 믿음이 약해진다는 것이죠.

특히 미국의 트럼프 대통령이 재임 시절 자신을 비판하는 보도를 가짜뉴스라고 지칭하며 이러한 경향이 심해졌습니다. 대통령이 수시로 언론 보도를 '가짜'로 취급하며 언론에 대한 대중들의 신뢰를 떨어뜨렸을 뿐 아니라 사회 제도에 대한 전반적인 신뢰에도 심각한 영향을 미쳤다는 것입니다.

이러한 경향은 세계 여러 나라에서 발견되고 있습니다. 브라질과 튀르키예, 헝가리 등 여러 나라의 대통령 등은 정부 정책에 비판적인 미디어를 가짜라고 반복적으로 비판해 뉴스 자체에 대한 신뢰를 위협했습니다. 싱가포르와 말레이시아 등 국가에서는 가짜뉴스 제작 유포를 불법화하는 법안이 도입되기도 했습니다. 국내에도 비슷한 움직임이 수차례 있었습니다. 그러나 가짜뉴스는 정의가 모호해 국가 권력이 언론 탄압을 위한 도구로 악용할 가능성이 있다는 우려가 제기되면서 말레이시아에서는 가짜뉴스 방지법이 폐지되었습니다.

이와 같은 이유로 일부 국가에서는 문서에서 '가짜뉴스' 용어를 금지하는 등 조치를 취하고 있습니다. 영국에서는 정부 차원의 공식 문서에서 이 말의 사용을 금지하고 '허위정보(disinformation)' 및 '오정보(misinformation)'와 같은 대체 용어를 쓰도록 했습니다. 미국의 하버드대학교 쇼렌스타인미디어센터도 오정보, 허위정보, 유해정보(malinformation) 등의 대안을 제시했습니다.

이러한 용어의 채택은 가짜뉴스의 모호한 성격에 따른 혼란과 오해를 완화하고 뉴스와 미디어에 대한 신뢰 회복에 도움이 될 수 있습니다. 그럼에도 불구하고 가짜뉴스가 허위 및 조작된 정보를 표현하는 데 대중적으로 쓰이고 있다는 점을 고려해서 이 책에서는 '가짜뉴스'라는 용어를 사용하고자 합니다.

개념 모호한 '가짜뉴스' 용어가 뉴스 신뢰도에 악영향

한국신문협회 2023-12-18
이재국 (성균관대학교 교수)

최근 잘못된 정보의 범람과 함께 이들 정보의 일부를 지칭하는 '가짜뉴스'라는 말이 전 세계적으로 쓰이고 있다. 정확성을 기본으로 하는 '뉴스' 앞에 이를 완전히 부정하는 형용사를 붙여 만들어 낸 모순어법은 그 해악이 그야말로 심각하다. 무엇보다 이 용어는 사회 구성원들이 공동체에 관한 필수 정보를 얻도록 하는 뉴스의 기능을 무력화한다는 점에서 그 악영향은 파괴적일 따름이다. 어떤 뉴스이건 사람들이 믿지 못하고 의심하며 부정하게 만들어 사회의 밑바탕에 균열을 내고 있기 때문이다.

이 용어의 부정적 영향력은 세계 각국에서 확인할 수 있다. 미국에선 도널드 트럼프 전 대통령이 재임 시절 자신에 불리하거나 비판적인 보도를 '가짜뉴스'로 매도하며 기자들과 언론매체를 공격했다. 정치적인 목적으로 시작했지만 정치적인 공방에서만 끝나지 않고 미국 사회의 근간을 흔드는 수준까지 진행됐다. 그 결과 언론 보도 전반에 대한 신뢰가 돌이킬 수 없을 정도로 추락했다. 최고 권력자이자 최고유명인이 지속적으로 사용하는 이 용어는 뉴스에 대한 대중의 인식에 강력한 영향을 미쳤다. 특히 트럼프의 주요 지지기반인 보수·공화당 지지자들의 언론과 뉴스에 대한 부정적인 인식이 악화되기 시작했다. 비영리 조사기관 퓨리서치센터에 따르면 언론에 대한 공화당원들의 신뢰도가 2016년 70%에서 35%로 급격히 하락했다.

정권의 언론탄압 수단으로 악용된 '가짜뉴스'

이 용어를 사용한 트럼프의 언론 비난 행동은 다른 나라에도 영향을 미쳤다. 브라질과 튀르키예, 헝가리 등 많은 국가에서 대통령 등 집권 세력이 비판적인 언론을 '가짜'로 매도하며 신뢰성을 공격하는 사례가 수없이 반복됐다. 또한 아예 '가짜뉴스'를 불법화해 언론 자유를 근본적으로 침해하는 경우도 나타났다. 싱가포르는 2019년 '가짜뉴스'를 퍼뜨릴 경우, 10년 이하 징역 또는 1백만 싱가포르 달러(한화 약 9억 8천만 원)의 벌금에 처하는 법을 통과시켰다. 이에 앞서 말레이시아도 2018년 징역형을 부과하는 법안을 통과시켰다. '가짜뉴스'는 정의가 모호하고 판별이 매우 어렵기 때문에 이에 대한 법적인 처벌은 국가 권력이 사실 여부를 판단할 수 있는 권한을 보유할 수 있도록 한다. 이에 따라 말레이시아 법은 정치인과 작가, 정치만평가에 대한 기소로 이어지며 표현의 자유를 억압한다는 반발을 불러일으켰고, 2019년 결국 폐지됐다.

이와 관련, 국제언론단체 언론인보호위원회(Committee to Protect Journalists)의

2017년 보고서는 '가짜뉴스'를 이유로 투옥된 언론인의 수는 21건으로 전년도와 비교해 두 배 증가했다고 밝혔다. 이와 같은 언론인에 대한 탄압은 트럼프식 용어 사용에 큰 영향을 받았다고 보고서는 지적했다. 언론을 부정적으로 묘사하고 비판적인 뉴스를 '가짜'로 몰아붙이는 행위가 권위주의적 성향이 강한 나라에서 언론인에 대한 탄압과 수감을 더욱 수월하게 하는 틀을 제공했다고 설명했다.

실제로 '가짜뉴스' 용어가 개인의 인식에 큰 영향을 미친다는 과학적인 연구 결과도 올해 나왔다. 《뉴욕타임스》 등 미국 언론을 대상으로 한 이 연구는 '가짜뉴스' 용어에 노출되면 '오정보(misinformation)'나 '허위뉴스(false news)'보다 뉴스와 언론인에 대한 부정적 인식에 더 강한 영향을 미친다는 것을 발견했다.

특히 정치인들이 '가짜뉴스'라는 용어를 사용할 때 그 부정적 영향이 더욱 심한 것으로 나타났다. 이러한 결과는 '오정보'나 '허위뉴스' 같은 용어들로 '가짜뉴스'를 대체할 필요성을 뒷받침한다.

오정보·허위정보·악의적 정보 등으로 바꿔 사용해야

세계 각국에서 (가짜뉴스) 용어 자체에 대한 대안을 마련하려는 움직임이 커지고 있다. 대표적으로 영국 정부는 2018년 모든 공식 문서에서 '가짜뉴스'라는 표현을 사용하지 못하도록 했다. 대안으로 '허위정보(disinformation)'와 '오정보' 등을 사용하도록 권장했다. 고의로 퍼뜨린 거짓 정보는 '허위정보'로, 실수로 벌어졌을 때는 '오정보'를 사용해야 한다는 것이다. 이는 영국 정부가 '가짜뉴스' 용어의 정의가 모호하고 오해의 소지가 있어 그 악영향이 심각하다는 것을 분명히 한 것이다.

미국에서는 하버드대 쇼렌스테인센터가 '오정보'와 '허위정보', '악의적 정보(malinformation)' 등 용어의 사용을 권고했다. △누군가를 해치려는 의도 없이 사실이 아닌 정보가 공유될 때는 '오정보' △누군가를 기만하거나 해치려는 의도로 거짓 정보가 생산 또는 조작되고 공유될 때는 '허위정보' △누군가를 해치려는 의도로 사실에 입각한 사적영역의 정보 혹은 기밀이 공개될 때는 '악의적 정보'라는 용어가 적절하다는 것이다. 또한 일부 기자는 보다 구체적인 표현을 사용하며 '가짜뉴스'를 대체하고 있다. 예를 들어, '낚시(hoax)'나 '오정보' 등을 쓰거나 '어떤 것이 거짓(something is false)'이라고 쓰는 등의 방식이다.

'가짜뉴스' 용어는 이미 광범위하게 쓰이고 있으며 그 해악 또한 심각하게 나타나고 있다. 이 용어는 그 개념적 모호성에 가장 치명적인 독성이 있다. 영국 정부의 공식 문서 (가짜뉴스) 사용 금지나 미국의 명확하고 구체적인 용어 사용이 이러한 모호성을 최소화하는 대안이 되고 있다. 정확하고 분명한 용어의 사용이 뉴스와 언론의 신뢰 회복, 나아가 민주주의의 강화에 기여할 것이다.

2

가짜뉴스의 7가지 유형

가짜뉴스가 무엇인지는 충분히 이해가 되었을 것입니다. 이제 가짜뉴스의 유형을 살펴보도록 하겠습니다. 가짜뉴스 즉, 뉴스인 것처럼 보이게 해서 대중을 속이는 가짜 정보의 유형 구분은 여러 가지 방식으로 가능하지만 이 책에서는 가짜뉴스를 특징에 따라 분류한 언론 비영리기구 '퍼스트드래프트뉴스(First Draft News)'의 7가지 유형을 소개합니다. 이 유형에는 풍자/패러디, 거짓 연결, 호도, 거짓 맥락, 사기성 콘텐츠, 조작, 날조 등이 있습니다.[5]

풍자 또는 패러디

풍자나 패러디는 현실의 사건과 인물, 상황 등을 과장되게 표현하고 우스꽝스럽게 비꼬아서 예술적, 문학적 가치를 달성하고자 하는 형태입니다. 앞서 용어를 둘러싼 논란에서 이야기한 풍자적 가짜뉴스가 여기에 들어갑니다. 이는 주로 유머를 통해 비판적인 메시지를 전달하기 위해 사용되며 일반 대중에 해악을 입히려는 의도는 없습니다. 그러나 의도치 않게 사람들을 속일 가능성은 존재합니다.

풍자나 패러디는 진지한 주제를 가볍게 다루며 사회 정치적 문제에 대해 비판적인 관점을 효과적으로 제시합니다. 예를 들어 미국의 유명한 풍자 및 패러디 뉴스 웹사이트 '디 어니언(The Onion)'은 실제 뉴스처럼 보이는 기사를 게재하지만, 내용은 완전히 허구이거나 과장된 풍자를 담고 있습니다. 실제 사건이나 인물을 기반으로 하되 과장되고 허구적인 요소를 더해 독자들에게 웃음을 주거나 사회적 메시지를 전달합니다. 정치인이나 유명 인사가 말도 안 되는 행동을 한다거나 기상천외한 사건이 발생했다는 식의 기사를 종종 볼 수 있습니다.

디 어니언의 2024년 1월 2일 자 기사는 조 바이든 미국 대통령이 미국 국민에게 연설하는 상황을 풍자적으로 묘사합니다. 해당 기사에서 바이든 대통령은 절벽 옆 나뭇가지에 매달려 "내가 50피트 아래 날카로운 바위로 떨어질 위험에 처한 지금 이 순간만큼 우리의 민주주의가 위태로운 적이 없었다"며 미국 국민에게 이견을 제쳐두고 긴 막대기나 밧줄, 가급적이면 헬리콥터로 자신을 안전한 곳으로 구조해달라고 간곡히 호소합니다. 디 어니언은 보도 당시 갤럽 여론조사에서 미국인의 70%가 바이든의 구조에 반대했다고 전합니다. 이러한 기사들은 현실의 인물과 사건을 소재로 삼고 있지

'디 어니언'의 바이든 풍자 기사 이미지

만 실제로는 허구이며 독자들은 이를 잘 알고 풍자적인 내용으로 이해하고 즐깁니다.

그래서 풍자와 패러디는 예술의 한 형태로 인식되기도 합니다. 하지만 실제 뉴스 형식을 취하고 있기에 일부 독자는 이를 진짜로 오해할 가능성도 있습니다. 풍자는 원래 유머나 사회, 정치적 비판을 목적으로 하는 창작물이지만 실제 뉴스의 외형을 빌려오기 때문에 특히 뉴스에 대한 배경 지식이 부족하거나 풍자적 요소를 인식하지 못하는 사람들은 진짜와 구별하기 어려운 것입니다. 이러한 독자의 혼동은 풍자나 패러디가 실제 뉴스로 잘못 인식되어 퍼지는 원인이 됩니다.

SNS로 대표되는 디지털 플랫폼 또한 풍자나 패러디가 가짜뉴스로 오인되는 데 큰 역할을 합니다. 플랫폼에서 정보는 매우 빠르게 퍼지며 종종 원래 맥락이나 출처가 제거된 채 공유됩니다. 이로 인해 풍자나 패러디가 실제 뉴스로 잘못 인식되어 퍼질 수 있으며, 때로는 의도적으로 잘못된 정보를 퍼뜨리고자 하는 사람들에 의해 악용될 수도 있습니다. 예를 들어 정치적 목적을 가진 단체나 개인이 풍자적 내용을 자신들의 주장을 뒷받침하는 거짓 증거로 사용할 수 있다는 것이죠.

바로 이 지점에서 미디어정보해독능력, 즉 미디어리터러시의 중요성이 부각됩니다. 모든 사람이 뉴스와 뉴스가 아닌 것을 구별하는 데 필요한 미디어정보해독능력을 충분히 갖춘 것은 아니므로 풍자나 패러디가 실제 뉴스로 오인되는 경우가 실제로 발생하고는 합니다. 이러한 이유로 뉴스 사이트 《파키스탄투데이(Pakistan Today)》의 자매 사이트로 풍자 칼럼을 게재하는 《카바리스탄타임스(Khabaristan Times)》는 2017년 1월 발행이 중단됐습니다.

거짓 연결

거짓 연결은 기사의 제목이나 사진, 그래픽 등 시각적 자료 또는 자막이 실제 기사 내용과 일치하지 않는 경우를 말합니다. 이러한 유형의 가짜뉴스는 독자들을 현혹하여 클릭하게 만들거나 잘못된 정보를 전달하기 위해 제목이나 이미지를 고의적으로 오도하는 방식으로 작성됩니다. 예를 들면 기사 제목이 '유명 연예인, 심각한 범죄 혐의로 체포'라고 되어 있지만, 실제 내용을 읽어보면 연예인이 범죄와 관련 없는 다른 이유로 경찰서에 간 사실만 언급되어 있거나 합니다. 이 경우 제목은 독자들에게 연예인이 범죄를 저질렀을 것이라는 잘못된 인상을 주지만 기사 본문은 이러한 주장을 뒷받침하지 않아 거짓 연결된 것입니다.

온라인에서 독자들을 현혹하여 클릭을 유도하기 위해 제목을 과장하거나 오도하는 낚시성 기사는 거짓 연결의 전형적인 사례입니다. 낚시성 기사는 독자들의 호기심을 자극하여 클릭을 유도하기 위해 과장되거나 선정적인 제목을 주로 사용합니다. '충격', '급기야', '알고 보니', '아찔' 등의 단어는 사람들의 클릭을 유혹합니다. '뭐지?' 하는 생각에 제목을 클릭한 독자들은 기사 본문을 정독한 후 '낚였다'는 생각이 들게 됩니다. 이러한 기사들은 제목이 실제 내용과 크게 다르거나 훨씬 더 자극적인 내용을 암시하는 경우가 대부분이기 때문입니다.

이러한 유형의 가짜뉴스는 특히 SNS에서 흔히 접할 수 있으며 제목이나 이미지만 보고 기사를 공유하면 자기도 모르게 잘못된 정보를 확산시키는 결과로 이어집니다. 페이스북 같은 SNS에서 글 기사로 뒷받침되지 않는 시각자료나 사진 설명만 보고 본문을 정독하지 않은 채 뉴스피드를 훑어 내려가기만 할 경우, 기만당할 가능성은 더욱 커집니다. 기사의 제목과 시각적 자료 또는 캡션이 실제 내용과 일치하지 않을 때 독자들은 제목이나 이미지만 보고 기사의 내용을 잘못 해석할 수 있기 때문입니다. 이는 잘못된 정보의 확산으로 이어지며 특히 중요한 사회적, 정치적 이슈에 대한 대중의 인식을 왜곡해 여론을 잘못된 방향으로 움직일 수 있습니다. 또한 자극적인 제목에 '낚인' 독자들이 실제 기사 내용은 제목이 암시하는 것만큼 흥미롭거나 중요하지 않다고 여기고 속았다는 느낌을 받을 수 있습니다. 이렇게 실망한 독자들은 결국 해당 매체, 나아가 언론 전반에 대한 신뢰를 거두게 될 수도 있습니다.

호도성 콘텐츠

호도성 콘텐츠는 특정한 방식으로 사진을 자르거나 인용구나 통계를 선별적으로 선택하는 등 그릇된 방식으로 정보를 사용해 만드는 것입니다. 이러한 유형의 가짜 뉴스는 사실을 기반으로 하지만 그 정보를 특정한 틀에 맞춰 해석함으로써 기사가 다루는 문제 또는 인물에 대한 독자의 오해를 불러일으킬 수 있습니다. 또한 한쪽 관점을 강조함으로써 독자들의 인식을 왜곡할 우려도 있습니다.

예를 들어 어떤 정치인이 환경보호의 중요성을 강조하는 연설을 했다고 가정해 봅시다. 그러나 뉴스 기사가 이 소식을 다루면서 '정치인 A, 산업 발전을 저해하는 환경 정책 강조'라는 제목을 사용하고 연설의 특정 부분만을 인용해 마치 해당 정치인이 경제 발전을 무시하는 것처럼 보이게 만들었다면 이는 호도의 사례로 볼 수 있습니다. 실제 연설 내용은 환경보호의 중요성에 대한 것이지만 기사는 이를 왜곡하여 정치인이 경제 발전을 저해하는 정책을 지지하는 것처럼 보이게 만든 것이죠. 소위 '악마의 편집'이라고 하는 것이 여기에 해당합니다. 이러한 호도는 사실을 기반으로 하지만 그

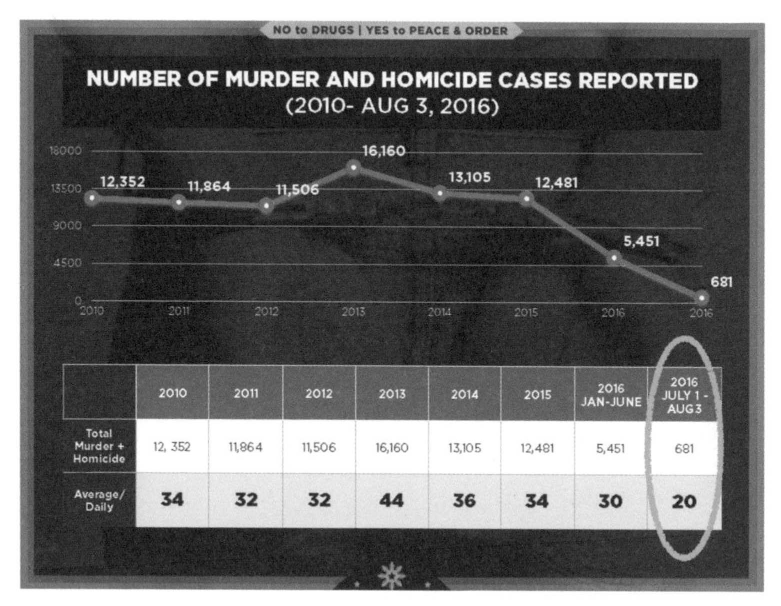

	2010	2011	2012	2013	2014	2015	2016 JAN-JUNE	2016 JULY 1 - AUG 3
Total Murder + Homicide	12, 352	11,864	11,506	16,160	13,105	12,481	5,451	681
Average/ Daily	**34**	**32**	**32**	**44**	**36**	**34**	**30**	**20**

필리핀 상원의원 앨런 피터 카에타노가 제시한 그래프

사실을 특정한 방향으로 해석하거나 강조함으로써 독자들이 잘못된 인상을 받게 할 수 있습니다. 이는 사회적 문제에 대한 오해나 특정 집단에 대한 부정적인 인식을 조장하게 됩니다.

2016년 8월 22일, 필리핀의 상원 청문회에서 당시 상원의원이었던 앨런 피터 카에타노는 두테르테 대통령 취임 이후 보고된 살인 및 살인 사건의 수가 감소하고 있음을 보여주는 그래프를 보여줬습니다.[6] 언뜻 보기에는 사건이 실제로 줄어든 것처럼 보이지만 사실은 그렇지 않았습니다. 그래프가 하향 곡선을 그린 이유는 2016년 수치를 연간 데이터가 아닌 1월부터 6월, 7월 1일부터 8월 3일까지 두 토막으로 나누었기 때문입니다.

시계열 그래프는 자료를 같은 기간끼리 비교할 때 의미가 있습니다. 전기요금 청구서의 그래프가 일별, 월별, 연도별 데이터를 한데 묶어 놓은 것이라면 어떻게 월별 전기 소비량을 추적할 수 있을까요? 척도 왜곡은 시각화의 목적에도 어긋납니다. 진실을 드러내기는커녕 오히려 감추기 때문입니다. 이처럼 시각자료는 호도성 정보를 유포하는 데 강력한 도구입니다. 우리의 뇌가 시각자료를 더욱 쉽게 받아들이는 경향이 있기 때문입니다.

실제 기사 모양을 그대로 모방한 소위 네이티브 광고나 유료 기사가 후원 사실을 충분히 알리지 않는 경우도 이 범주에 포함됩니다. 네이티브 광고는 금전적인 후원을 받은 콘텐츠를 뉴스 기사처럼 보이게 만든 것을 지칭하는 용어입니다. 이런 콘텐츠에는 분명히 '협찬(paid)'이라고 명시해야 합니다. 하지만 광고의 효과를 위해 불투명하게 처리하는 경우가 종종 있습니다. 모두 호도성 콘텐츠에 해당합니다.

거짓 맥락

거짓 맥락은 진실한 내용이나 정보이지만 거짓된 맥락이나 상황과 함께 제시되어 오해를 불러일으키는 경우를 말합니다. 이러한 유형의 가짜뉴스는 내용 자체는 진실이지만 그 사실이 제시되는 맥락이 왜곡되거나 거짓 정보와 결합되어 독자들이 사실관계를 잘못 알게 합니다.

어떤 정치인의 연설 중 특정 문장이 인용되어 소셜미디어나 뉴스 기사에 게시되는 경우를 생각해 봅시다. 그 문장 자체는 정치인이 실제로 말한 것이지만, 그것이 연설의 전체 맥락이나 의도와는 다른 방식으로 제시되어 마치 정치인이 전혀 다른 주장을 하는 것처럼 보이게 만들 수 있습니다. 정치인이 경제 정책을 설명하는 과정에서 '재원 확보를 위해 세금을 인상해야 한다'고 말했지만, 이 문장이 단편적으로 인용되어 '정치인 B, 모든 국민의 세금을 인상하겠다고 선언'이라는 제목으로 소셜미디어에 퍼진다면 이는 거짓 맥락의 사례가 됩니다. 실제로는 정치인이 특정 상황에 대해 말한 것이지만 문장을 전체 연설의 맥락에서 떼어내 제시함으로써 독자들이 오인하도록 하는 것이죠.

진짜 콘텐츠가 가끔 원래 맥락에서 벗어난 채 유포되는 경우도 있습니다. 2015년 페이스북과 X(당시 트위터)를 통해 서로 껴안고 있는 두 어린아이의 사진이 '네팔에서 네 살 오빠의 보호를 받는 두 살배기 여동생'이라는 글과 함께 빠르게 퍼졌습니다. 사진 속 겁에 질린 표정의 소년과 오빠 품을 파고드는 어린 소녀는 네팔 지진의 피해자로 알려지면서 이들을 찾기 위한 시도와 기부 요청이 이어졌습니다.

하지만 실제로 이 사진은 8년 전 베트남 북부에서 촬영된 것이었습니다. 베트남 사진작가 나 손 응우옌(Na Son Nguyen)은 이 사진을 2007년 10월 하장성의 외딴 마을인 껀터에서 촬영했다고 밝혔습니다. 작가는 이 마을을 지나다가 부모님이 밭에서 일하는 동안 놀고 있던 몽족(Hmong) 어린이 두 명을 포착한 것입니다. 그는 이 사진을

네팔 지진 피해자로 잘못 알려진 베트남 남매

자신의 개인 블로그에 올렸는데, 3년 전 이 사진이 '버려진 고아' 사진으로 베트남 페이스북 이용자들 사이에 공유됐다는 사실을 알았다고 밝혔습니다. 이후에도 이 사진은 '두 명의 미얀마 고아'라거나 '시리아 내전의 희생자' 같은 이름으로 잘못 퍼져 나갔습니다. 사진 자체는 가짜가 아니었지만 이 사진의 맥락이 거짓이었기 때문에 가짜뉴스가 된 경우입니다.

사기성 콘텐츠

사기성 콘텐츠는 믿을 만한 출처나 기관에서 만들어진 것처럼 꾸민 허위 콘텐츠를 말합니다. 이러한 유형의 가짜뉴스는 신뢰할 수 있는 뉴스 매체나 공식 기관, 또는 유명인의 이름을 도용하여 거짓 정보를 전달함으로써 독자들이 그 내용을 신뢰하도록 만듭니다. 독자들이 출처의 신뢰성을 의심하지 않기 때문에 그 정보를 쉽게 받아들이도록 합니다.

기자가 작성하지 않은 콘텐츠에 그들의 이름을 붙이거나, 언론사가 생산하지 않은 동영상 또는 이미지에 그 언론사의 로고를 사용해 독자들을 속이는 것이죠. 2017년 케냐의 선거운동 기간 중 BBC 아프리카는 누군가 BBC 로고와 표제를 붙여 넣은 동영상을 만들어 채팅앱인 왓츠앱을 통해 유포시키고 있는 것을 발견했습니다. BBC 아프리카는 독자들이 이러한 사기성 영상에 속지 않도록 경고하는 동영상을 만들어 소셜미디어에 공유해야 했습니다.

케냐의 선거에 관한 가짜뉴스는 미국 CNN 방송의 보도인 것처럼 소셜미디어에 유포되기도 했습니다. 해당 동영상은 대선을 앞두고 실시된 여론조사에서 우후루 케냐타(Uhuru Muigai Kenyatta) 대통령이 크게 앞서고 있다는 거짓 설문조사 결과를 담고 있었습니다. 실제 여론조사에서는 케냐타 대통령과 경쟁자인 레일라 오딩가 후보 모두 압도적인 승리를 거둘 만큼 충분한 지지를 얻지 못했습니다. 이 뉴스는 신뢰할 수 있는 방송사 로고를 도용

CNN 로고를 도용한 케냐의 가짜뉴스

해 허위정보를 유포한 전형적인 사기성 콘텐츠였습니다. CNN 또한 X를 통해 해당 영상 보도가 가짜라는 사실을 알려야 했습니다.

조작된 콘텐츠

조작된 콘텐츠는 사람들을 속이려는 목적으로 원래의 정보를 고의적으로 변경하거나 왜곡한 콘텐츠를 뜻합니다. 이는 주로 이미지 편집 기법을 사용하여 원본에 등장한 인물이나 사건에 대한 잘못된 인상을 주거나 사실을 왜곡하는 방식으로 이뤄집니다. 2017년 남아프리카공화국의 《허프포스트(HuffPost)》 편집장인 페리얼 하파지(Ferial Haffajee)는 조작된 이미지에서 사업가 조안 루퍼트(Johan Rupert)의 무릎에 앉아 있는 것으로 묘사되어 루퍼트와 사적인 관계가 있는 것처럼 오해를 받은 바 있습니다.[7]

오사마 빈 라덴 사살 작전을 지켜보는 미국 안보상황실 관계자들 (왼쪽: 백악관 제공, 오른쪽: 《디 차이퉁》 보도)

언론이 사진을 의도적으로 편집해 사실을 왜곡하는 경우도 있습니다. 2011년 뉴욕 브루클린에서 발행되는 극단적 근본주의 유대계 신문 《디 차이퉁(Di Tzeitung)》은 오사마 빈 라덴 사살작전을 지켜보는 미국 안보상황실 관계자 중에서 국무장관이었던 힐러리 클린턴과 오드리 토머슨 대테러 담당 국장을 삭제한 사진을 게재했습니다.[8] 편집된 두 사람은 모두 여성으로, 이 신문은 종교적 이유로 여성의 이미지를 실을 수 없었다고 설명했습니다. 이러한 설명에도 불구하고 이 신문은 언론이 이미지를 조작해 사실과 다른 거짓 정보를 전달했다는 비판을 면치 못했습니다.

이미지 조작은 색채의 변경 같은 조금 더 미묘한 방식으로 이뤄지기도 했습니다. 1994년 미국의 풋볼 스타 O.J. 심슨이 살인 혐의로 체포됐을 때, 시사주간지 《타임》은 심슨의 얼굴을 원본 사진보다 어둡고 흐리게 처리해 인종차별 논란을 일으켰습니다. 동일한

구속된 O.J. 심슨의 사진 (왼쪽: 《뉴스위크》, 오른쪽: 《타임》)

사진을 사용한 《뉴스위크》의 표지와 비교하면 《타임》이 의도적으로 심슨을 부정적으로 묘사한 것을 알 수 있습니다.

날조된 콘텐츠

날조는 타인을 속이기 위해 거짓 정보를 만들어내는 행위를 의미합니다. 따라서 날조된 콘텐츠는 실제 사건이나 데이터와 무관하게 완전히 허구로 구성된 거짓 정보를 가리킵니다. 조작된 콘텐츠는 진실된 정보를 변경한 것이지만 날조된 콘텐츠는 아예 처음부터 끝까지 거짓 정보로 구성한 것을 말합니다. 2016년 미국 대선 기간에 문자 메시지를 통해 투표가 가능하다는 주장이 광고 형식의 이미지를 통해 유포되었습니다.[9] 'Text

2016년 미국 대선 기간에 유포된 광고 형태의 가짜뉴스

Your Vote'라는 광고는 'Hillary'라는 단어를 특정 번호로 보내면 조기 투표가 가능하다고 했지만 실제로 미국에서 문자투표 제도는 존재하지 않습니다. 투표에 참여하려면 지역 투표소를 직접 방문하거나 부재자 투표용지를 우편으로 보내야 합니다. 만약 힐러리 클린턴 후보의 지지자들이 이 광고를 있는 그대로 믿었다면 투표를 포기하는 것과 같은 결과로 이어졌을 것입니다. 해당 광고는 클린턴 지지자들을 현혹해 투표를 방해하기 위한 목적으로 만들어진 완전히 날조된 콘텐츠라고 할 수 있습니다.

2024년 1월 실시된 방글라데시의 선거에서도 날조된 콘텐츠가 유권자를 현혹했습니다. 인공지능 이미지 생성 도구를 이용해 만든 딥페이크(deep fake) 동영상이 대량으로 유포된 것입니다. 이 중 여성 정치인들을 대상으로 한 저급한 내용의 영상이 특히 문제가 되었습니다. 야당 인사들이 비키니를 입고 수영장에 있는 것처럼 조작된 영상이 인터넷상에 퍼졌습니다.

이스라엘의 가자 지구 폭격에 대한 주요 정치인들의 태도를 다룬 동영상도 큰 주목을 받았습니다. 영상에서 셰이크 하시나 방글라데시 총리는 미국의 이스라엘 지지를 비판한 반면, 야당 주요 인사들은 모호한 태도를 보였습니다. 방글라데시 내의 이슬람 유권자들에게 영향을 미칠 수 있는 중요한 내용이었지만 이는 사실 인공지능을 이용해 날조된 딥페이크 영상이었습니다. 또한 비디(BD) 폴리티코라는 웹사이트에는 미국 외교관들이 방글라데시 선거에 개입했다고 주장하는 가상 앵커의 영상이 게시되었는데 이 역시 저가의 인공지능 앱을 통해 날조된 가짜뉴스였습니다.

날조된 콘텐츠가 실제로 여론에 미친 영향이 얼마나 되는지 확실히 알기는 어렵지만 방글라데시의 여당인 아와미연맹(AL)은 선거에서 압도적인 의석을 확보했고 하시나 총리의 임기도 5년 연장되었습니다. 사이드 알자만 방글라데시 자한기르나가르대의 저널리즘 교수는 딥페이크 영상이 실제와 구분하기 어려울 정도로 정교하게 제작되어 유포될 경우 정치 선전의 강력한 도구로 활용될 수 있다고 경고했습니다.

가짜뉴스는 완전히 날조된 뉴스 사이트의 형태로 존재하기도 합니다. 2016년 미국 대선 당시 '엔딩더페드(Ending the Fed, 'ETF')'라는 사이트는 프란치스코 교황이 도널드 트럼프 후보를 지지한다는 가짜뉴스를 보도했습니다. 이 사이트는 가짜뉴스를 만들어 수익을 창출하는 사이트로 미국의 대통령 선거 때 큰 인기를 얻었습니다. 당시 페이스북에서 이용자들로부터 커다란 반응을 이끌어낸 가짜뉴스 20건 중에는 이 사이트의 기사가 5건이나 포함되었고 교황의 트럼프 지지 뉴스는 페이스북에서 가장 많이 공유된 뉴스로 기록됐습니다. 이 사이트가 게시한 가짜뉴스 중에서 '클린턴이 이슬람국가(IS)에 무기를 판매했다', '클린턴이 미국 연방법에 의해 직무를 박탈당했다', 'FBI 전직 국장이 클린턴재단으로부터 수백만 달러의 뇌물을 받았다' 등의 가짜뉴스도 큰 인기를 얻었습니다.

사실 '프란치스코 교황이 도널드 트럼프 대통령 후보 깜짝 지지, 성명서를 발표하다'라는 제목의 가짜뉴스는 원래 'WTOE5 뉴스'의

Pope Francis Shocks World, Endorses Donald Trump for President, Releases Statement

TOPICS: Pope Francis Endorses Donald Trump

프란치스코 교황이 트럼프를 지지했다는 내용의 가짜뉴스

작품이었습니다. 온라인 뉴스 사이트 같은 이름을 가진 'WTOE5 뉴스' 역시 가짜뉴스 전문 웹사이트였습니다. 'ETF'는 이런 사이트로부터 기사를 가져와 출처도 밝히지 않고 그대로 내보내는 식으로 원작자보다 많은 돈을 버는 것으로 유명합니다. 'ETF'에 게시된 기사들이 원본 기사보다 훨씬 더 많이 공유되었기 때문입니다.

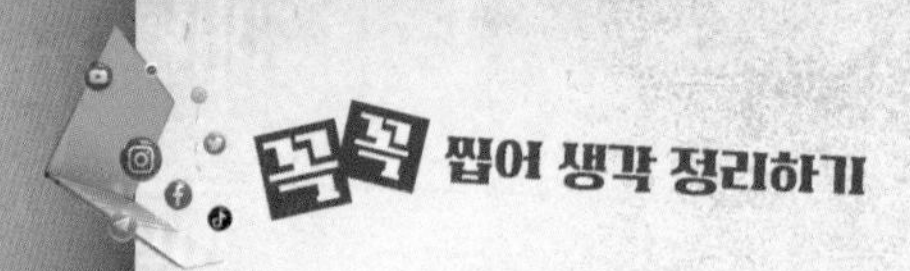

1 가짜뉴스는 다른 사람들을 속이려는 의도로 진짜 뉴스와 유사한 형식으로 만들어진 허위정보를 의미합니다. 진짜 뉴스처럼 만들어진 가짜뉴스를 본 적이 있나요? 있다면 그 가짜뉴스의 내용은 무엇이었는지, 그 정보가 가짜뉴스라는 것을 어떻게 알게 되었는지 생각해 봅시다.

2 가짜뉴스는 실제로 존재하는 언론사에서 보도된 것처럼 진짜 뉴스의 형식을 따라하기도 하지만, 소셜미디어 게시물이나 댓글처럼 진짜 뉴스의 형식을 따르지 않은 가짜뉴스도 있습니다. 소셜미디어 게시물이나 댓글에서 가짜뉴스를 발견한 적이 있나요? 있다면 그 가짜뉴스의 내용은 무엇이었는지, 그 정보가 가짜뉴스라는 것을 어떻게 알게 되었는지 생각해 봅시다.

3 온라인에서 실제 기사 내용과 일치하지 않는 제목이나 사진을 사용하여 독자들의 클릭을 유도하는 낚시성 기사는 우리가 자주 만나는 가짜뉴스 유형입니다. 이러한 가짜뉴스는 독자들을 현혹하여 클릭을 유도하기 위해 '충격', '급기야', '알고 보니', '아찔' 등 과장되거나 선정적인 제목을 주로 사용합니다. 여러분은 제목만 보고 호기심을 느껴 클릭을 했다가 '낚였다'는 생각이 들었던 적이 있나요? 있다면 그 가짜뉴스가 어떤 제목을 달고 있었는지, 제목의 어떤 요소가 여러분의 호기심을 자극했는지 생각해 봅시다.

4 2017년 남아프리카공화국의 허프포스트 편집장인 페리얼 하파지를 대상으로 조작된 콘텐츠처럼 사람들을 속이려는 목적으로 원래의 이미지를 고의로 변경하거나 왜곡한 콘텐츠는 가짜뉴스에 해당합니다. 하지만 우리는 이미지 편집 프로그램을 사용하여 연예인 사진을 편집하는 등의 방법으로 다른 사람의 이미지를 훼손하는 행동을 장난으로 치부하기도 합니다. 여러분이 조작된 콘텐츠의 피해자가 되었다고 가정해 보고, 조작된 콘텐츠의 위험성에 대해 생각해 봅시다.

5 2016년 미국 대통령 선거 기간 동안 'Text Your Vote'라는 광고 형식의 가짜뉴스가 유포되었습니다. 선거를 앞두고 가짜뉴스가 확산되는 사례는 여러 나라에서 발견되는데요, 우리나라에서 대통령 선거나 국회의원 총선거처럼 중요한 선거를 앞두고 특정 후보를 비방하기 위한 목적으로 완전히 날조된 콘텐츠가 퍼진다면 어떤 결과가 발생할까요? 날조된 콘텐츠가 가져올 부정적 결과에 대해 생각해 봅시다.

6 우리는 풍자나 패러디, 거짓 연결, 호도성 콘텐츠, 거짓 맥락, 사기성 콘텐츠, 조작된 콘텐츠, 날조된 콘텐츠 등 가짜뉴스의 여러 가지 유형에 대해 살펴보았습니다. 여러분 생각에 이 중에서 가장 위험한 가짜뉴스 유형은 무엇인가요? 그 유형이 가장 위험하다고 판단한 이유는 무엇인지 얘기해 봅시다.

2부

가짜뉴스의 확산

가짜뉴스는 다양한 이유로 만들어지고 빠른 속도로 퍼져 나갑니다. 이제부터는 가짜뉴스가 어떻게 생산되고 공유되는지, 또 가짜뉴스의 급속한 확산의 이유는 무엇인지 등에 대해 살펴 보겠습니다. 먼저 누가, 어떤 목적으로 가짜뉴스를 만들어 내는지 알아보고 그 다음으로 사람들이 가짜뉴스를 쉽게 믿고 공유하는 것에는 어떤 심리적 요인이 작용하는지도 살펴 보겠습니다. 이어서 최근의 기술 발전, 특히 소셜미디어와 인공지능 등이 가짜뉴스의 확산에 어떤 역할을 하는지 알아 보도록 하겠습니다.

1

왜 가짜뉴스를 만들까?

누군가가 가짜뉴스를 만들고 퍼뜨리는 데는 분명한 목적이 있습니다. 목적은 거의 대부분 정치적이거나 또는 상업적 이익을 얻는 것이며, 이러한 목적 달성을 위해 전략적으로 활동하는 집단이 있습니다.

구체적으로, 가짜뉴스는 광고 수익 창출과 여론 조작, 정치적 영향력 확대 등을 목표로 제작되며 가짜뉴스의 제작과 전파 과정에는 정치 블로그와 유튜브 채널, 가짜뉴스 전문 웹사이트 등 다양한 미디어가 개입합니다.

뿐만 아니라 정치적 이익을 추구하는 정치인과 경제성을 앞세우는 언론, 클릭 유도를 목적으로 하는 기사 역시 가짜뉴스 생산에 책임이 있습니다. 이렇게 다양한 가짜뉴스 생산자들의 목적을 자세히 살펴봅시다.

정치적 또는 이념적 동기

일부는 자신의 정치적 목적을 달성하거나 특정 이념을 확산시키기 위해 가짜뉴스를 만들고 퍼뜨립니다. 이 과정에서 사실을 왜곡하거나 전혀 존재하지 않는 사건을 만들어내 여론을 조작하고 사회적 분열을 조장하는 경우가 흔히 나타납니다. 이런 종류의 가짜뉴스는 주로 선거 기간이나 정치적 위기 상황, 사회적 갈등이 고조되는 시기에 자주 등장하기 때문에 사람들의 감정을 특히 자극하며 빠르게 확산되는 경향을 보입니다.

미국 중심의 자본주의 진영과 소련 등 사회주의 진영의 갈등이 심각했던 냉전 시대에는 가짜뉴스 유포가 냉전 수행의 주요 전략 중 하나였습니다. 당시 소련의 국가보안위원회(KGB)는 미국을 비방하고 서방 국가들 사이의 불신을 조장하기 위해 여러 가지 정보작전을 실행했습니다. 허위정보를 의미하는 'disinformation'은 1959년 KGB에 설치한 정보조정과(dezinformatsiya, 러시아어로는 дезинформация)에서 유래한 단어입니다. '허위정보'는 원래부터 정치적 목적으로 유포하는 거짓 정보를 뜻하는 것이었죠. KGB는 적국에 불리한 정보를 확산시키고 여론을 조작하기 위해 가짜뉴스를 의도적으로 만들고 퍼뜨렸습니다. KGB가 실행한 정보작전 중 가장 성공한 사례로는 에이즈 바이러스의 기원에 관한 가짜뉴스가 꼽힙니다.

이 가짜뉴스에 따르면 에이즈 바이러스는 미국 메릴랜드주에 위치한 포트 데트릭(Fort Detrick) 기지에서 개발된 생화학 무기입니다. 1983년 친소련 성향의 인도 신문 《패트리엇》이 '에이즈, 인도를 덮

1986년 10월 31일 소련의 일간지 《프라우다(Pravda)》에 실린 만화. 한 미군 장교(오른쪽)가 펜타곤 에이즈 전문가(왼쪽)에게 돈을 주고 에이즈 바이러스를 사는 장면을 묘사하고 있다

칠 듯: 미국 실험으로 생겨난 의문의 질병'이라는 제목의 기사를 처음 보도했을 때 그 영향력은 별로 크지 않았습니다. 이때 소련이 사용한 방법이 과학자에 대한 대중의 신뢰를 이용하는 것이었습니다. 1986년 러시아 출신의 생물화학자 야코프 세갈은 에이즈 바이러스에 대한 보고서를 작성했습니다. 세갈은 당시 베를린 훔볼트대학 교수로 소련의 우방인 동독 정부와 긴밀한 관계였습니다.

세갈의 보고서는 정황 증거만으로 에이즈의 기원을 추정하는 내용이었지만 전문 용어로 가득한 보고서 내용을 일반인이 읽고 검증하기는 쉽지 않았습니다. 같은 해 9월 영국의 한 신문이 세갈의 인터뷰를 보도하자 이 가짜뉴스의 신뢰도가 크게 올랐습니다. 뒤이어 스페인과 아르헨티나 언론이 인터뷰 요약문을 싣자 에이즈 바이러스에 대한 가짜뉴스를 보도하는 언론은 전 세계 30개국 수백여 개의 매체로 늘어났습니다. 1987년에는 미국 언론에서도 이 내용에 관심을 갖기 시작했습니다.

이렇게 많은 언론에서 이 문제를 기사로 다루면서 결국에는 많은 사람이 에이즈 바이러스의 기원에 관한 가짜뉴스를 믿게 되었고 미국에 대한 비난이 국제적으로 촉발되었습니다. 미군기지가 있는 우방국의 반미 여론에도 영향을 미친 것은 물론입니다. KGB는 이 정보작전의 이름을 '감염작전(Operation Infektion)'이라고 불렀습니다. 냉전이 끝난 후 소련의 해외정보국 원장이었던 에프게니 프리마코프 등이 에이즈의 기원에 대한 캠페인을 실행했다고 고백하면서 가짜뉴스의 허위성이 드러났습니다. 하지만 일부 국가에서는 에이즈 바이러스가 미국의 생화학 무기라는 가짜뉴스를 여전히 믿고 있습니다. 가짜뉴스를 사용한 여론 조작의 효과가 강력하다는 것을 보여주는 사례입니다.

냉전 시대 가짜뉴스를 통한 여론 조작은 사회주의 세력의 전유물이 아니었습니다. 자본주의 진영의 핵심이었던 미국에서도 가짜뉴스는 정치적 반대편을 공격하기 위한 무기로 적극 활용됐습니다. 1950년 2월 9일, 공화당 집회에서 연단에 오른 조지프 매카시(Joseph Raymond McCarthy) 상원의원은 "미 국무부 안에 205명의 공산당원이 있다"고 주장했습니다. 몇 장의 종이를 쥐고 흔들며 자신의 손에 그 명단이 있다고도 했지요. 미국의 대외정책을 결정하는 부처 내에 수백 명의 공산주의자가 암약하고 있다는 그의 주장에 미국 사회는 발칵 뒤집혔습니다. 이후 4년 이상 미국 사회를 지배한 매카시즘의 광풍이 시작된 것입니다.

매카시의 주장에 제대로 된 근거는 없었지만, 언론은 그의 주장을 대서특필했습니다. 매카시가 가는 곳마다 수많은 기자가 몰려들었고 언론은 일약 유력 정치인이 된 그의 발언을 별다른 검증 없이 받아 적기에 바빴습니다. 매카시를 비판하는 사람이 전혀 없었던 것은 아니지만 그들은 '공산주의자를 보호'한다거나 '반역자들을 엄호'한다는 비난을 받아야만 했습니다. 1952년 선거에서 매카시가 재선에 성공한 것은 당연한 결과였습니다. 공화당이 대통령선거에서 승리하고 매카시가 상원 감사위원회 위원장이 되면서 그의 권한은 더욱 커졌습니다.

매카시는 제2차 세계대전 당시 미국 내 파시스트 세력의 활동을 감시했던 미 의회의 반미활동위원회(House Un-American Activities Committee, UAC)를 공산주의자 적발과 조사에 적극적으로 활용했습니다. 매카시의 연설 이후 1년 만에 이 반미활동위원회의 청문회에 소환된 인물이 무려 600명을 넘었고, 여기에는 정관계 인사뿐만 아니라 경제인, 노동계 인사, 시민단체 활동가, 학자, 예술인 등 사회 각계각층의 다양한 사람들이 포함되었습니다. 우리에게도 잘 알려진 배우 찰리 채플린도 공산주의자로 몰려 미국을 떠나야 했습니다. 평범한 시민들도 정치 캠페인에 서명하거나 마르크스 저서를 읽었다는 이유로, 지인 중 공산주의자가 있다는 이유로 위원회의 조사대상이 되었습니다. 안보 위기가 있을 때에는 불순분자로 의심되는 사람들을 예비 검속할 수 있도록 하는 악법도 통과되었습니다.

공산주의자의 명단을 공개하라는 요청을 받을 때마다 매카시는 "이 가방 안에 모든 이름이 있다"고 웃어 보였습니다. 하지만 정작

가방 안을 보여준 적은 한 번도 없었으며 205명이라던 공산주의자 수는 57명으로, 다시 10명으로 말이 계속 바뀌었습니다. 몇 년 동안이나 지속되던 매카시즘이 힘을 잃기 시작한 것은 반미활동위원회가 개최한 청문회가 TV 방송으로 생중계된 이후입니다. 청문회에서 아무런 증거도 없이 증인을 몰아붙이는 매카시의 모습은 그동안 그의 주장을 믿었던 사람들의 마음에 큰 회의감을 불러왔습니다. 비슷한 시기 CBS의 시사 프로그램 'See It now'에서도 매카시의 허점과 부당성을 날카롭게 파고들면서 매카시가 공산주의에 대한 대중의 공포심을 악용하고 있다고 지적했습니다. 매카시는 언제나처럼 프로그램 진행자를 공산주의자로 몰아가며 인신공격을 가했지만, 그의 근거 없는 폭로와 공포심 유발, 흑백논리에 지친 사람들은 점차 매카시에게 등을 돌리기 시작했습니다. 이렇게 매카시의 허위 주장에서 비롯된 4년간의 혼란은 막을 내렸습니다. 1950년대 초 매카시즘이 지배한 미국 사회의 모습은 상원의원이라는 지위를 이용해 가짜뉴스를 마구잡이로 생산하는 정치인과 그의 주장을 별다른 검증 없이 받아쓰는 언론의 행태가 결합할 때 가짜뉴스가 얼

1962년 4월 24일 미국 시민들이 반미활동위원회의 비공개 청문회 반대 시위를 벌이는 모습 © 로스엔젤레스 공립도서관

마나 심각한 해악을 불러일으키는지 잘 보여줍니다.

오랜 옛날 로마에서도 가짜뉴스는 권력 투쟁과 여론 조작에 매우 유용한 도구로 사용됐습니다. 기원전 44년 카이사르가 암살되자 그의 양자인 옥타비아누스는 카이사르의 오랜 동맹이자 당시 로마에서 가장 강력한 지도자였던 안토니우스와 후계자 자리를 두고 경쟁했으나 불리한 위치에 처해 있었습니다. 옥타비아누스는 카이사르의 유일한 상속자이긴 했지만 18세에 불과했던 반면, 안토니우스는 군대를 이끄는 데 천부적 재능이 있는 장군으로 평가받고 있었기 때문입니다.

옥타비아누스는 경쟁자인 안토니우스가 클레오파트라와 불륜 관계에 있다는 점을 적극적으로 활용했습니다. 날조된 소문을 통해 안토니우스에게 '바람둥이', '술꾼', '클레오파트라의 꼭두각시'라는 이미지를 덮어씌웠습니다. 안토니우스가 로마를 배신하고 이집트 편에 서서 로마를 위태롭게 할 것이라는 거짓말도 퍼뜨렸습니다. 이때 옥타비아누스가 활용한 것이 바로 동전이었습니다. 동전에는 안토니우스와 클레오파트라에 대한 부정적 내용을 담은 짧은 문구가 새겨져 있었습니다. 마치 오늘날의 트윗처럼 동전이 사람들의 손에서 손으로 옮겨질 때마다 안토니우스에 대한 악선전도 널리 퍼져 나갔습니다.

로마 시민들 사이에서 안토니우스에 대한 불신과 반감이 커지자 옥타비아누스는 이 기회를 놓치지 않고 자신이야말로 로마의 정통성을 수호할 인물, '신의 아들'이라고 선전하기 시작했습니다. 여론은 점점 더 옥타비아누스 쪽으로 기울었고 로마 원로원의 강력한 지지를 등에 업은 옥타비아누스가 악티움 해전에서 승리하면서 안토니우스와의 권력 투쟁을 결국 승리로 이끌었습니다. 전쟁에서 패배한 안토니우스와 클레오파트라는 자살하고 옥타비아누스는 '아우구스투스'라는 호칭을 얻었습니다. 아우구스투스는 '가장 존엄한 자'라는 뜻입니다. 가짜뉴스는 옥타비아누스를 가장 존엄한 자, 즉 최초의 로마 황제 자리에 올려놓는 데 크게 기여했습니다.

최근의 사례도 한번 살펴봅시다. 2017년 독일에서는 앙겔라 메르켈 총리가 '인공수정을 통해 태어난 히틀러의 딸'이라거나 '슈타지(동독의 비밀경찰)' 출신이라는 가짜뉴스가 확산됐습니다. 4선에 도전한 메르켈 총리의 정치적 입지를 훼손하려는 의도가 다분했습니다. 이에 앞서 2016년에는 '베를린에서 러시아 국적의 미성년자가 난민들에게 성폭행을 당하고 살해당했다'는 가짜뉴스가 발단이 되어 러시아와 독일 정부 사이에 설전이 벌어지기도 했습니다. 러시아에서 '모종의 이유로 사건이 오랜 기간 은폐됐다'고 독일 정부를 비난하자 독일에서는 '확실치 않은 소문을 정치적 선전에 이용하지 말라'고 반박했습니다.[10]

2023년 5월 치러진 튀르키예 대통령 선거에서도 가짜뉴스가 사용됐습니다. 결선 투표를 2주 앞둔 시점, 에르도안 대통령은 지지자들에게 튀르키예의 쿠르드족 분리주의 단체 PKK가 상대 후보를 지지하는 노래를 부르는 영상을 보여주며 상대 후보를 비난했습니다. 그러나 이 영상은 사실 인공지능이 만든 가짜였습니다. 영상의 내용이 선거에 미친 영향을 정확히 측정할 수는 없지만 당선된 에르도안 대통령과 상대 후보의 득표율이 겨우 5%포인트 차이에 불과했으니 가짜뉴스의 영향이 없었다고 하기는 어렵습니다.

미국에서 도널드 트럼프 전 대통령을 지지하는 '마가(MAGA·Make America Great Again)'와 극우 매체들은 2024년 11월 대통령 선거를 앞두고 유명가수 테일러 스위프트에 대한 가짜뉴스를 퍼뜨렸습니다. 스위프트가 국방부 비밀 요원이며 조 바이든 대통령의 재선을 위해 팬 기반을 다지고 있다는 것입니다. 그녀가 바이든의 재선을 위해 미식축구 선수 트래비스 켈시와 기획 연애를 하고 있다든지, 켈시의 소속팀이 경기 조작으로 미식축구리그 챔피언 결정전에 진출했다는 근거 없는 주장도 이어졌습니다.

2023년 9월 스위프트가 선거 참여를 독려한 것이 황당한 음모론의 직접적 계기가 되었습니다. 2024년 현재 미국 성인의 절반이 넘는 사람들이 스위프트의 팬을 자처하고 스위프트 콘서트가 창출하는 경제적 효과를 가리키는 '스위프트노믹스'라는 신조어가 생겨날 정도로 그의 사회적 영향력은 막강합니다. 실제로 스위프트가 소셜미디어에 선거 독려 글을 게시한 지 하루 만에 3만 5,000명이 유권자로 등록하기도 했습니다. 마가를 비롯한 미국의 트럼프 지지단체들은 2020년 대선에서처럼 스위프트가 공개적으로 바이든을 지지하게 될 경우를 대비해 그 영향력을 사전에 차단하기 위해 음모론을 퍼뜨리는 것으로 보입니다. 선거 결과에 영향을 미치려는 의도로 가짜뉴스를 유포하는 대표적 사례라고 할 수 있습니다.

페이스북으로 유통된 미국 대선 관련 '가짜뉴스' 상위 5개

가짜뉴스 제목	매체 이름	공유/댓글 수
프란치스코 교황, 트럼프 지지로 전 세계를 놀라게 했다	엔딩 더 페드	96만 건
위키리크스, 클린턴이 이슬람 국가에 무기 판매 확인	더 폴리티컬 인사이더	78만 9,000건
클런턴의 이슬람 국가 이메일 유출, 상상보다 더 끔찍해	엔딩 더 페드	75만 4,000건
클린턴, 어떤 공무직에도 걸맞지 않아	엔딩 더 페드	70먼 1,000건
클린턴 이메일 용의자 FBI 요원, 아내 죽인 뒤 자살한 채 발견	덴버 가디언	56만 7,000건

출처: 버즈피드

특정 이념이나 사상을 지지하는 집단이 상대를 비방하고 자신이 속한 집단에 유리한 여론을 조성하기 위해 가짜뉴스를 이용하는 경우도 있습니다. 2019년 극우 성향의 단체 채팅방과 온라인 커뮤니티에서는 '2016년 박근혜 대통령의 퇴진을 요구하는 촛불집회에 북한이 개입했다'는 주장이 확산되었습니다. 가짜뉴스 유포자들은 북한 노동당 기관지인 《노동신문》 1면에 등장한 '형제의 나라 호남조선의 자랑스러운 혁명동지. 김정은 동지의 명에 따라 적화통일의 횃불을 들었습네다!'라는 제목의 기사를 근거로 제시했습니다. 하지만 《노동신문》과 독점 공급 계약을 맺고 있는 《연합뉴스》는 촛불집회가 시작된 이후 출판된 《노동신문》을 모두 살펴봤지만 같은 내용의 기사는 아예 존재하지 않았다고 밝혔습니다. 완전히 날조된

로동신문

형제의 나라 호남조선의 자랑스러운 혁명동지

김정은 동지의 명에따라 적화통일의 횃불을 들었습니다!

로동신문

전국로농적위군지휘성원열성자회의 진행

경애하는 최고령도자 김정은동지께서 회의참가자들에게 력사적인 서한을 보내시였다

촛불집회 북한 연루설을 주장하기 위해 등장한 가짜 《노동신문》

콘텐츠였던 것이죠. 해당 기사를 근거로 박근혜 대통령 탄핵의 정당성을 훼손하려는 시도는 이번이 처음이 아니었습니다. 박근혜 전 대통령을 변호했던 서석구 변호사도 2017년 헌법재판소에서 가짜 《노동신문》 기사를 거론하며 '촛불집회에 북한이 연루됐다'는 취지로 발언한 바 있습니다.

미국 건국 당시 독립영웅들도 정치적 목적을 위해 가짜뉴스를 이용했습니다. 1782년 4월 파리에서 영국의 국왕 조지 3세가 미국의 독립운동을 진압하기 위해 민간인을 학살한 증거가 발견됐다는 소식이 실린 신문이 배포됐습니다. 보스턴에서 실제 발행되는 《인디펜던트 크로니클》을 모방한 이 기사에는 뉴잉글랜드 독립군 소속의 새뮤얼 게리시(Samuel Gerrish) 대위가 보낸 편지 내용이 상세히 담겨 있었습니다. 그는 정찰 작전 중 커다란 꾸러미를 발견했는데 그 안에 무려 700명이 넘는 미국인 남녀와 어린이들, 심지어 아기들의 머릿가죽이 들어있었다고 합니다. 기사에 따르면, 이 머릿가죽의 주인은 영국 정부에 고용된 미국 원주민 부족이 지난 3년간 살해한 미국인들이며 영국 본토에 전달되는 중이었다고 합니다. 그러나 충격적인 기사 내용은 모두 벤저민 프랭클린(Benjamin Franklin)이 지어낸 이야기였습니다.

이 가짜뉴스를 발행한 프랭클린은 언론인이자 외교관으로 미국의 독립 조건을 논의하는 영국과의 협상에 참여하고 있었습니다. 영국에 대한 부정적 여론을 선동하고 미국에 대한 동정과 지지를 이끌어내기 위해 이 학살 사건을 지어낸 것이죠.

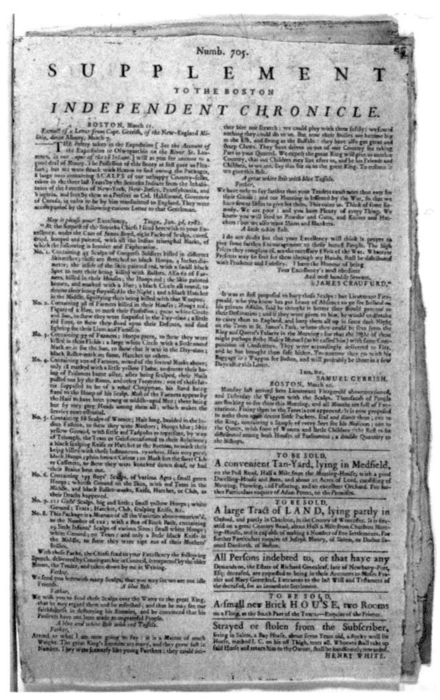
Numb. 705.

SUPPLEMENT

TO THE BOSTON

INDEPENDENT CHRONICLE.

BOSTON, March 12.

SAMUEL GERRISH.

BOSTON, March 20.

TO BE SOLD,

A convenient Tan-Yard, lying in Medfield,

TO BE SOLD,

A large Tract of LAND, lying partly in

All Persons indebted to, or that have any

TO BE SOLD,

A small new Brick HOUSE, two Rooms

Strayed or stolen from the Subscriber,

HENRY WHITE.

미국 건국의 아버지 벤저민 프랭클린이 뿌린 가짜 신문

이 이야기는 영국의 잔인함을 보여주는 증거로 여러 신문에 인용되기까지 했습니다. 이밖에도 프랭클린은 언론인으로 있는 동안 최소 100여 개의 가명으로 기사와 칼럼을 썼는데 그 중 다수는 조작된 내용을 포함하고 있었습니다. 그는 자신의 행동을 지적하는 지인들에게 '본질은 진실'이라면서 가짜뉴스 생산의 정당성을 역설한 바 있습니다.

미국의 또 다른 건국의 아버지이자 제2대 대통령인 존 아담스(John Adams)도 가짜뉴스를 적극적으로 이용했습니다. 그는 1769년 일기에서 영국의 권위를 약화시키고 미국 독립을 앞당기기 위해

'문단과 기사, 사건들을 조작하는 정치적 기구를 운영했다'고 적었습니다. 아담스는 대통령이 된 후 잘못된 정보의 확산을 억제한다는 명목으로 엄격한 미디어 통제법을 도입하는 등 정치적 상황에 따라 전혀 달라진 태도를 보이기도 했습니다.

돈벌이로서의 가짜뉴스 유포

돈을 벌기 위해 가짜뉴스를 만들어 확산시키는 사람들도 많습니다. 상업적 목적으로 가짜뉴스를 제작하고 유포하는 행위는 인터넷과 소셜미디어 이용자의 증가와 함께 계속 늘고 있습니다. 이들은 가짜뉴스를 일종의 사업으로 간주하며 주로 클릭 수를 늘려 광고 수익을 창출하는 것을 목적으로 합니다. 사실이 아닌 정보나 과장된 내용을 포함한 기사를 제작해 대중의 호기심을 자극하고 이를 통해 웹사이트 방문자 수를 증가시키려는 것이죠.

대표적인 예로 유럽의 마케도니아의 벨레스에서 만들어진 가짜뉴스 웹사이트 사례가 있습니다. 인구 5만 명에 불과한 시골마을 벨레스에서는 2016년 미국 대선을 앞두고 무려 140개가 넘는 가짜뉴스 웹사이트가 운영되었습니다. 더 놀라운 사실은 이들 사이트의 운영자 대부분이 10대 청소년이었다는 점입니다. 이들은 돈을 벌기 위해 미국 대선과 관련된 가짜뉴스를 대량으로 생산했습니다. 기존 언론에 보도된 미국 대선 관련 뉴스를 복사한 다음,

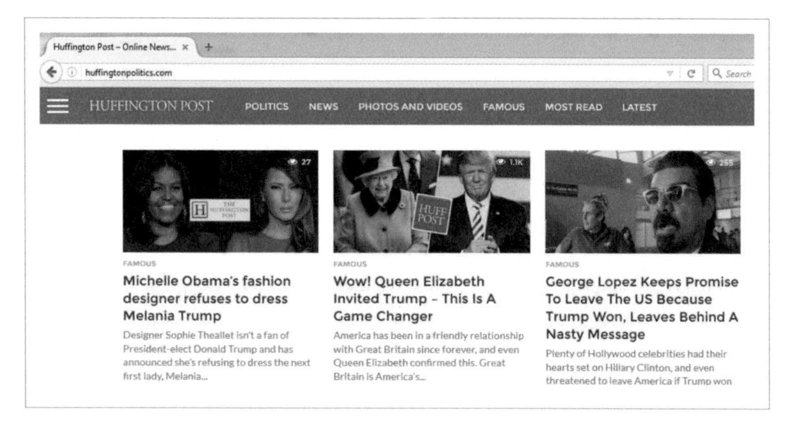

마케도니아에서 운영되는 가짜뉴스 웹사이트. 《허핑턴 포스트(Huffington Post)》처럼 보이도록 만들었다 ⓒ NBC 뉴스

기사 내용과 전혀 상관없는 자극적인 제목을 붙여 게시하는 식이었습니다. 자극적인 제목은 클릭 수를 높이고 이는 곧 광고 수익으로 이어졌습니다. 광고 수익만으로 한달에 1,800유로(약 264만 원)를 벌어들인 19세 소년도 있었습니다. 당시 벨레스 노동자의 평균 월급이 350유로라고 하니 가짜뉴스 웹사이트 운영자들에게 뉴스의 진실 여부는 전혀 중요하지 않았을 것 같습니다.

이들이 유포한 가짜뉴스 중에는 '힐러리 클린턴이 이슬람국가(IS)에 무기를 팔아넘겼다!'처럼 트럼프에게 유리한 가짜뉴스가 더 많았지만, 이들은 가짜뉴스의 정치적 영향에 대해서는 전혀 관심이 없었습니다. 트럼프에 유리한 가짜뉴스가 클린턴에게 유리한 것보다 더 많은 클릭을 유도할 수 있었기 때문에 그러한 기사를 주로 게시했을 뿐입니다. 정치적 내용을 포함한 가짜뉴스는 미국 등 세계 여러 나라의 정치 지형에 영향을 미치고 사회 분열을 조장하는 도구로 쓰입니다. 하지만 가짜뉴스 웹사이트 운영자는 이러한 것은 전혀 개의치 않고 가짜뉴스를 그저 상당한 광고 수익을 안겨주는 수익원으로 여겼을 뿐입니다.

또 다른 사례로는 소셜미디어마케팅 웹사이트 '더부미(Devumi)'의 활동이 있습니다. 더부미는 가짜 소셜미디어 계정을 만들어 고객의 팔로어를 늘리거나 프로그램을 이용해 유튜브 동영상의 조회수나 '좋아요' 수를 올려 주는 서비스를 제공했습니다. 10달러당 500명의 팔로어를 만들었고 149달러에 유튜브 조회수를 2만 5,000회 증가시켰습니다. 가짜 팔로어를 구입한 고객들은 팔로잉 수를 조작해 기업의 신뢰도를 높이는 수단으로 삼거나 유튜브 광고 수익을 부당하게 챙기는 식으로 돈을 벌었습니다. 할리우드 배우나 델컴퓨터 창업자, 전직 미식축구 선수, 수영복 모델, 미 재무장관의 부인 등 이름만 대면 알만한 유명인들이 돈을 내고 인지도 상승과 조작된 여론을 사들인 것입니다.

It's the easiest foolproof way to get active followers, period.

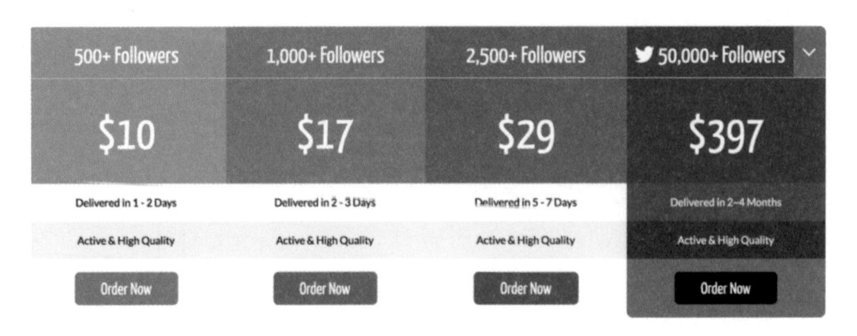

더부미의 팔로어 수 가격표

중국 신화통신의 에디터, 에콰도르 대통령의 보좌관 등 미국 이외 지역의 유력 인사들도 돈만 내면 더부미의 고객이 될 수 있었습니다. 이들은 수천 개의 가짜 X 팔로어를 구입해 중국 정부의 정책을 선전하는 데 이용했으며 에콰도르 대선에서는 가짜 X 계정을 선거 운동에 동원하기도 했습니다. 《뉴욕타임스》는 외국 정부기관이나 정치인을 위해 활동하면서 시민들의 의견을 왜곡한 더부미의 가짜 팔로어들을 '유령 군인'이라고 묘사한 바 있습니다.

우리나라에서는 아예 가짜뉴스 생성을 도와주고 수익을 챙기는 사이트까지 등장했습니다. 이 사이트는 이용자가 뉴스 제목을 입력하고 사진을 고르면 포털 사이트 링크와 매우 유사한 형식의 가짜뉴스 링크를 만들어줍니다. 이런 방식으로 생성된 가짜뉴스는 하루 평균 약 300건으로 '단독', '속보' 등의 글머리를 달고 카카오톡이나 텔레그램을 통해 퍼져나갑니다.

"너무 열 받지만 나만 당할 수는 없죠! 그럴듯한 뉴스 제목만 한 줄 입력하면 자동으로 번역까지 된 낚시 뉴스가 만들어져요!" 가짜뉴스 생성 사이트는 더 많은 고객을 유인하기 위해 이 같은 홍보 문구를 사용합니다. 또, 1천 명 이상의 클릭을 유도한 가짜뉴스에는 5만 원 상당의 문화상품권을 지급하면서 이용자들이 더 선정적이고 그럴듯한 거짓말을 꾸며내도록 유도합니다. 사이트 운영자는 가짜뉴스 전파의 책임을 이용자들에게 떠넘기는 방식으로 금전적 이익을 얻기도 합니다. 가짜뉴스를 삭제하고 싶은 이용자는 한 건당

5만 원을 지불하도록 한 것입니다. 24시간 안에 빠르게 삭제하고 싶으면 10만 원을 내라고도 합니다.

지금까지 이 사이트에서 만들어진 가짜뉴스로는 '광화문 광장에서 대형 폭발사고 발생', '이재명 대표 국민의힘 입당'을 비롯해 유명인의 사망 소식과 열애설, 특정 기업의 코스닥 상장 등이 있습니다. 하나같이 여론 왜곡이나 사회 혼란을 야기할만한 내용입니다. 2021년 10월에는 이 사이트를 이용해 만들어진 가짜뉴스 때문에 한 반도체 업체의 주가가 가격제한폭인 29.89%까지 치솟았다가 급락하는 일도 있었습니다. 온라인 커뮤니티에는 가짜뉴스에 휘둘려 피해를 본 투자자들의 원성이 올라왔지만 이러한 사회적 혼란에

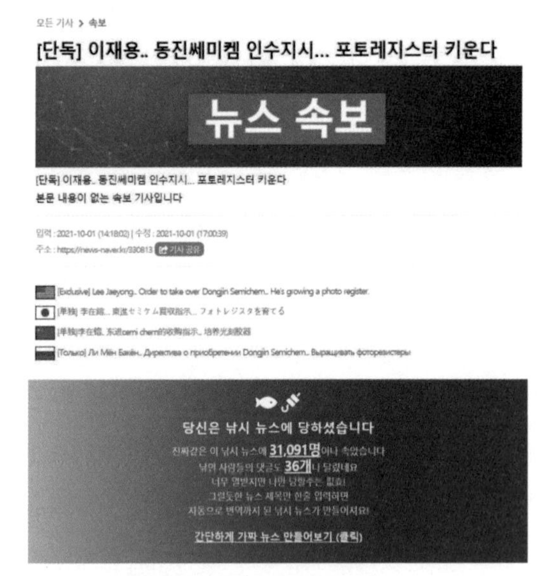

가짜뉴스 생성을 도와주는 사이트에서 만들어진 뉴스 속보 이미지 © 서울경제

대해 책임을 지는 사람은 아무도 없었습니다.

2024년 1월에는 국내 포털과 언론사, 한국은행, 아나운서, 유명 배우를 동시에 사칭해 투자를 권유하는 광고 사이트가 사람들을 혼란스럽게 만든 사건이 발생했습니다. 이 사이트는 배우 송중기가 JTBC 뉴스룸에 출연한 사진을 활용해 '한국은행, 송중기 생방송에서 한 발언에 대해 고소'라는 가짜뉴스를 만들었으며, 이를 마치 네이버 포털에 올라온 《동아일보》 기사처럼 보이게 위장했습니다. 기사에는 JTBC 방송화면을 그대로 가져온 이미지도 포함되어 있었습니다. 하지만 이 기사는 《동아일보》가 작성한 것이 아니었으며 그 내용 또한 전부 허구였습니다.

이 가짜뉴스는 암호화폐 투자를 유도하는 광고로, 송중기가 암호화폐 거래로 큰 부를 얻었다는 내용과 함께 그가 생방송 중에 뉴스 진행자인 강지영 아나운서를 투자 사이트에 가입시켰다는 허위 정보를 담고 있었습니다. 이 광고는 한국은행이 뉴스 방송을 즉각 중단시키라고 요청했다는 허위 주장을 하면서 진행자와 송중기의 대화 중간에 투자 사이트 링크를 삽입하는 방식으로 사람들이 사이트에 접속하도록 유도했습니다.

네이버와 《동아일보》, JTBC, 아나운서, 연예인 그리고 한국은행까지 사칭해 가짜뉴스를 유포한 이 사이트에 대해 네이버는 방송통신심의위원회에 접속 차단을 요청했으며, JTBC도 강력한 법적 대응 방안을 강구 중이라고 밝혔습니다. 이 사건은 가짜뉴스가 금전적 이익을 노리고 유명인과 신뢰할 수 있는 언론사의 명성을 무단으로 사용해 허위사실을 날조한 사례로 가짜뉴스의 심각성을 다시 한번 부각시켰습니다.

심리적 만족감 추구

어떤 사람들은 가짜뉴스를 만들고 퍼뜨리는 행위를 통해 심리적 만족을 얻습니다. 전문가들은 이들이 다른 사람들의 반응을 보고 자신이 그들을 통제한다고 느끼거나 혼란과 불안을 조성하는 데서 오는 일종의 '권력감'을 경험한다고 설명합니다. 하지만 이들이 자신의 심리적 만족을 위해 가짜뉴스를 유포하는 행위는 사회적으로 심각한 부작용을 일으킵니다.

코로나19가 한창이던 2020년 1월 부산 지하철 3호선에서 한 남성이 기침을 하며 "나는 우한에서 왔다. 폐렴이다. 내게서 떨어져라!"라고 외쳤습니다. 코로나19 감염자인 척하면서 지하철 안의 시민들을 놀라게 하는 장면을 '몰래카메라'로 찍어 자신의 SNS에 올리기도 했죠. 이 남성은 SNS에서 유명해지고 싶어서 이 같은 일을 벌였다고 합니다.

비슷한 시기 대구의 한 기차역에서는 방호복을 입은 남성들이 기침하는 남성을 쫓는 추격전을 연출해 주변 사람들에게 불안감을 주는 사건도 발생했습니다. 이러한 행위는 재미나 관심을 끌기 위한 목적으로 이루어졌지만, 그 사실을 모르고 목격한 사람들에게는 심리적 피해를 주고 행동반경을 위축시키는 등 부정적인 영향을 주게

코로나19 감염자 행세를 한 유튜버 © 채널A

됩니다.

비슷한 사례는 또 있습니다. 2020년 2월 경남지방경찰청은 코로나19 감염 우려자가 창원에서 발생했다는 가짜뉴스를 유포한 20대 남성을 체포했습니다. 이 남성은 카카오톡을 통해 창원 진해구에서 감염 우려자가 발생했다는 내용의 가짜 메시지를 퍼뜨렸는데 이 메시지 때문에 문의 전화가 폭주해 관할 보건소는 업무 마비 상태에 이를 정도였습니다. 체포된 남성은 이후 "별생각 없이 장난삼아서 했다"라거나 "이렇게 많이 전파될지 몰랐다"고 진술했습니다. 참으로 무책임한 행동이었습니다.

이처럼 아무 생각 없이 가볍게 퍼뜨린 가짜뉴스가 예상치 못한 심각한 결과를 초래할 수 있습니다. 마찬가지로 '코로나19 확진자가 다녀갔다'는 거짓 정보 때문에 특정 병원이나 식당, 숙박시설 등이 업무 마비나 폐업의 위기에 처하는 일도 발생했습니다. 이러한 사례들은 시민들이 가짜뉴스가 초래할 수 있는 부정적 영향을 심각하게 인식해야 한다는 점을 분명히 보여줍니다.

2

왜 가짜뉴스를 믿고 공유할까?

앞에서 설명한 것처럼 정치적 또는 경제적 이익을 위해 가짜뉴스를 제작하는 사람들은 소수이지만 이를 널리 퍼뜨리는 것은 의외로 다수의 평범한 사람들입니다.

이들은 대부분 나쁜 의도가 있는 것은 아니지만 가짜뉴스에 속아 넘어가 무심코 친구나 가족과 같은 가까운 이들에게 공유함으로써 가짜뉴스의 영향력을 더욱 확대하는 역할을 하죠. 그래서 사람들이 왜 이렇게 쉽게 가짜뉴스에 속고 이를 공유하는지 이해해야만 이를 방지하는 것이 가능해집니다.

인간 두뇌의 정보 처리 방식과 관련된 심리학의 여러 개념을 통해 사람들이 가짜뉴스를 쉽게 믿고 공유하는 이유를 잘 이해할 수 있습니다. 여기에는 확증 편향과 동기화된 추론, 제한된 합리성, 거짓 진실 효과, 진실 기본값, 집단 동조 등이 있으며, 이를 통해 우리는 사람들이 가짜뉴스와 같은 정보를 어떻게 처리하고, 또 그에 기반해 행동하는 방식을 알 수 있습니다.

확증 편향

확증 편향이란 사람들이 자신이 기존에 가지고 있던 신념이나 태도를 확인해 증명하는 정보를 선호하고, 그러한 정보에 더욱 주목하며 더 쉽게 믿는 경향을 말합니다. 이러한 경향에 따라 사람들은 자신의 관점에 일치하는 뉴스만 선택적으로 찾고 받아들이게 되는 것이죠. 앞서 소개한 신림동 흉기 난동 사건의 경우 많은 사람이 피의자 조선이 조선족이라는 가짜뉴스를 쉽게 믿고 퍼뜨린 이유는 그 내용이 조선족 또는 중국인이 한국에서 범죄를 많이 저지른다는 선입견과 일치했기 때문일 가능성이 큽니다.

과거 조선족 출신이 저지른 강력 범죄가 크게 보도되는 경우가 많았고 '범죄도시'나 '청년경찰' 등 큰 인기를 얻은 영화에서 조선족이 잔인한 범죄집단으로 그려졌기 때문에 사람들은 막연히 조선족 또는 중국인에 대한 부정적 편견을 갖고 있었을 것입니다. 따라서 흉기 난동 사건의 피의자가 조선족이라는 주장을 접하자마자 사실관계를 검증하기보다는 '내 그럴 줄 알았지'라며 기존 신념을 확증하는 방향으로 움직인 것입니다.

제2차 세계대전 당시 독일군이 유대인의 시신에서 지방을 추출해 비누를 생산했다는 가짜뉴스가 널리 확산된 것도 확증 편향의 영향과 무관하지 않습니다. 세계대전 당시 나치 수용소의 유대인들은 'RIF'라는 글자가 적힌 비누를 배급받았습니다. RIF는 독일에서 비누 및 세제의 생산과 배급을 담당하는 정부 기관(Reichsstelle für Industrielle Fettversorgung)의 이름을 줄인 표현이었지만 'Rreines Jüdisches Fett(순수한 유대인 지방)'의 약자라는 소문이라는 퍼졌습니다. 독일어의 머리글자로 된 단어에서 I와 J는 종종 교환되어 사용됩니다. 이러한 소문은 나치에 대한 적개심을 불러일으키기 위한 가짜뉴스였지만 유대인을 강제 수용하고 대량 학살을 자행한 나치의 야만성을 경험한 사람들은 RIF라는 글자를 '인체 비누'에 관한 증거로 받아들였습니다.

나치 독일군이 유대인에게 지급한 RIF 비누
ⓒ 미국 홀로코스트 추모 박물관 홈페이지

1942년에는 인체 비누에 대한 소문이 폴란드까지 퍼져나가자 나치 친위대의 하인리히 히믈러(Heinrich Luitpold Himmler)가 직접 나서 소문의 진위 여부를 조사하라고 지시했습니다. 조사결과는 수용소에서 사망한 시체들은 화장되거나 매장되며 다른 용도로는 사용되지 않는다는 것이었습니다. 사실 RIF 마크가 찍힌 비누는 전쟁 중에 독일에서 사용된 일반적인 비누 중 하나였습니다. 전쟁이 끝난 후 1946년 전쟁범죄를 처벌하기 위한 뉘른베르크 국제군사재판에서도 나치의 자체 조사와 동일한 결론을 내렸습니다. 나치의 전쟁범죄 증거물로 제시된 RIF 비누의 성분을 조사한 결과, 인체와 관련된 성분이 전혀 발견되지 않았던 것입니다. 인체 비누 소문의 허위성이 확인된 이후에도 유대인 수용소 이야기를 다룬 다큐멘터리 영화 '밤과 안개(1955년)'나 '인생은 아름다워(1997년)' 등에서 독일군이 유대인 시신으로 비누를 만들었다는 내용을 마치 사실인 것처럼 묘사하고 있습니다.

사실 인체 비누에 관한 끔찍한 소문은 제1차 세계대전 당시 영국이 날조한 악선전에 뿌리를 두고 있습니다. 1917년 영국의 《타임스》와 《데일리메일》은 독일군이 자국 병사들의 시체를 끓여 지방과 식사용 뼈, 돼지 사료를 만든다는 가짜뉴스를 보도했습니다. 또, 중국에서 발행되는 영자신문 《자림서보》에도 같은 내용이 실렸습니다. 당시 중국의 참전을 유도하고자 했던 영국은 중국에서 독일에 대한 반감을 확산시키기 위해 허위정보를 적극 활용해 프로파간다를 펼쳤습니다.

RIF 비누에 관한 가짜뉴스가 약 25년 뒤 나치의 만행으로 둔갑해 다시 확산된 것은 그 내용이 나치에 대한 대중의 부정적 이미지와 일치했기 때문이라고 할 수 있습니다. 나치에 의한 대규모 학살과 인권 침해 사건들은 이미 대중에게 널리 알려져 있었기 때문에 사람들은 가짜뉴스를 무비판적으로 받아들이고 기존 믿음을 확증하는 방향으로 사고한 것입니다. 이처럼 확증 편향은 사람들이 자신의 믿음과 일치하는 정보를 선택적으로 찾고 소비하도록 하는 반면, 그와 반대되는 정보는 무시하거나 가볍게 생각하도록 합니다. 이 현상은 뉴스를 접할 때도 나타나는데 이를 뉴스에 대한 '선택적 노출'이라고 합니다.

사람들이 자신의 입맛에 맞는 뉴스를 선호하는 선택적 노출 현상은 소셜미디어와 인터넷의 발달로 더욱 심해졌습니다. 소셜미디어 등 다양한 디지털 플랫폼이 장착하고 있는 알고리즘은 이용자의 과거 행동을 분석하여 이용자가 좋아할 만한 비슷한 종류의 콘텐츠를 제공합니다. 이에 따라 이용자는 자신의 선호와 신념을 반영하는 정보에 더 자주 노출되는 것이죠. 결과적으로, 사람들은 자신의 관점을 더욱 고착화시키는 정보에 둘러싸여 다양한 관점을 접할 기회가 줄어들게 됩니다.

가짜뉴스가 특정한 이념적, 정치적, 또는 사회적 신념을 강화하는 내용을 담고 있다면 그것은 그러한 신념을 가진 사람들에게 더욱 매력적으로 보일 것입니다. 이러한 확증 편향 때문에 사람들은 자신의 신념에 부합하는 정보에 대해 비판적으로 생각하지 못하는 경우가 많습니다. 가짜뉴스가 제공하는 잘못된 정보나 왜곡된 주장을 비판적으로 분석하는 데 필요한 사고 과정이 억제되는 것이죠. 따라서, 확증 편향은 사람들이 자신의 의견이나 신념을 강화하는 가짜뉴스를 선호하고 더 적극적으로 공유하게 합니다. 이것이 소셜미디어와 같은 플랫폼에서 가짜뉴스가 빠르게 확산되는 주요 원인 중 하나입니다.

확증 편향은 개인의 신념을 더욱 극단적인 방향으로 움직이게도 합니다. 가짜뉴스가 기존 신념을 지지하거나 강화하는 내용을 담고 있다면 사람들은 점점 더 극단적인 관점을 채택하면서 다른 관점에 대해서는 폐쇄적인 태도를 취할 수 있습니다. 이러한 현상은 사회적으로 매우 심각한 문제를 야기합니다. 확증 편향으로 인해 사람들이 점차 극단적인 의견을 가지게 되고 다른 관점을 이해하거나 수용하는 능력이 약해지면 공동체 내에서 의견의 다양성이 사라지고 그 자리에는 극단적인 분열만 남기 때문이죠.

이 같은 우려에도 불구하고 확증 편향에서 벗어나기란 쉽지 않습니다. 2009년 출판된 한 연구논문은 확증 편향을 극복하기 어려운 이유 몇 가지를 설명합니다.[11] 우선 사람들은 스스로 편향에 빠진 것을 인정하지 않는다고 합니다. 자신이 편향에 빠질 수 있다고 인정하면 다양한 관점을 접하기 위해 노력하고 새로운 정보나 증거가 나타났을 때 자신의 의견을 바꿀 태도를 가질 수 있습니다. 하지만 자신이 편향에 빠질 가능성을 인정하지 않으면 편향을 제거할 필요 자체를 느끼지 않을 것입니다. 또, 편향을 극복하려는 시도가 오히려 역효과를 일으키기도 합니다. 주어진 정보를 비판적으로 생각하기 위해 '다른 해석이 가능한가', '내 의견과 반대되는 주장이나 증거는 없을까' 고민하다 보면, 오히려 '내 생각이 틀렸을 리 없다'는 식으로 확증 편향을 강화할 수 있다는 것입니다. 사람이 자신의 기존 태도에서 벗어나기란 정말 어렵다는 것이죠.

동기화된 추론

동기화된 추론은 사람들이 자신의 기존 신념과 태도, 또는 선호에 부합하는 방식으로 정보를 해석하고 판단하는 심리적 과정입니다. 이 현상은 개인이 자신의 세계관이나 신념을 유지하고자 할 때 더욱 두드러지게 나타납니다. 사람들은 자신의 신념을 지지하는 정보에는 더 쉽게 동의하는 반면, 반대되는 정보에는 회의적이거나 비판적인 태도를 보입니다. 정치적 신념이 강한 사람은 자신의 정치적 입장을 지지하는 뉴스나 의견에는 긍정적으로 반응하고 반대되는 입장의 뉴스나 의견에는 부정적으로 반응하는 경향이 있다는 것입니다.

이러한 과정은 개인의 신념 체계를 강화하고 '인지부조화'를 최소화하도록 합니다. 인지부조화란 사람들이 자신의 신념이나 태도가 외부에서 들어오는 정보와 모순되거나 충돌할 때 느끼는 심리적 불편함을 의미합니다. 매우 청렴한 이미지를 가진 정치인이 심각한 비리에 연루되었다는 뉴스를 접했을 때 우리는 심리적으로 매우 불편한 상태를 경험할 수 있습니다. 이러한 상황에서 동기화된 추론은 인지적 부조화를 줄이는 방법이 될 수 있습니다. '그 사람이 그랬을 리 없어'라며 기존의 생각과 모순되는 정보를 무시하거나 부정해버리는 것입니다.

동기화된 추론은 가짜뉴스의 확산과 밀접한 관련이 있습니다. 가짜뉴스는 종종 특정 이념이나 신념을 강화하는 내용을 담고 있어 그러한 신념을 가진 사람들에게 매력적으로 보일 수 있습니다. 동기화된 추론의 심리적 현상 때문에 사람들은 자신의 신념에 확신을 더하는 가짜뉴스는 쉽게 수용하고, 반대되는 정보는 진실이라 하더라도 회의적이거나 비판적인 태도를 보입니다. 이는 가짜뉴스가 제공하는 잘못된 정보나 왜곡된 주장을 비판적으로 분석하는 데 필요한 사고 과정을 억제하고 기존의 생각을 더욱 고수하도록 합니다.

제한된 합리성

노벨상 수상자인 인지과학자 허버트 사이먼(Herbert Simon)은 인간의 인지 능력과 관련해 '제한된 합리성(Bounded Rationality)'이라는 개념을 제시했습니다. 사이먼은 인간이 모든 정보를 완벽하게 처리하고 최적의 결정을 내리는 '완전히 합리적' 존재가 아니라는 점을 강조합니다. 또한 인간의 인지적 용량에는 한계가 있어 모든 가능한 선택지와 결과를 고려하기보다는 어느 정도 만족할 만한 수준에서 해결책을 찾는 경향이 있다고 설명합니다. 인간의 의사결정 과정이 실제로는 완벽한 합리성을 바탕으로 이루어지지 않고 제한된 정보와 시간, 인지 자원 등의 제약 속에서 이루어진다는 말이죠.

이러한 인지적 자원의 제한성은 인간의 '인지적 구두쇠(Cognitive Miser)' 경향을 설명하는 데 도움이 됩니다. 인지적 구두쇠란 사람들이 단순한 사고 전략을 사용해 복잡한 문제를 해결하려는 것을 은유적으로 지칭하는 것입니다. 인지적 자원이 제한돼 있기 때문에 그 자원을 가능한 적게 구두쇠 같이 사용하려 한다는 것이죠. 이 때문에 인간은 복잡하고 모순되는 정보는 피하는 반면, 간단하고 이해하기 쉬운 것을 선호합니다. 이때 선입견이나 고정관념에 의존하거나 과거의 경험을 근거로 하면 인지적 자원을 많이 사용하지 않고도 빠른 판단을 내릴 수 있다는 것입니다.

이러한 구두쇠 전략은 일상 생활에서 빠르고 효율적인 의사결정을 가능하게 하지만 때로는 편향된 판단이나 오류를 초래할 수도 있습니다. 특히 가짜뉴스에 취약하게 합니다. 일반적으로 가짜뉴스는 현실을 단순화하고 선과 악, 아군과 적군 같은 이분법적인 접근방식을 취하기 때문에 복잡한 사회 현실을 이해하기 위해 힘들게 노력하지 않아도 쉽게 이해할 수 있습니다. 게다가 선정적인 제목이나 감정적인 표현을 동원해 사람들의 주의를 끌기 때문에 심층적인 분석 없이 정보를 수용하도록 유도합니다. 이처럼 인간의 인지적 구두쇠 성향은 가짜뉴스를 비판적 검증 없이 쉽게 믿고 공유하는 행동과 밀접하게 관련되어 있습니다.

현대 사회에서는 정보가 넘쳐납니다. 이러한 정보의 홍수 속에서 모든 것을 꼼꼼히 검증하고 진위 여부를 파악하기는 점점 더 어려워지고 있습니다. 인터넷 등장 이후 정보의 양은 극적으로 증가했지만 인간의 인지적 자원은 거의 똑같기 때문에 사람들은 점점 더 단순화된 사고 전략을 활용해 정보를 소비하려고 합니다. 정보의 사실 관계를 검증하려는 노력보다는 자기 입맛에 맞는 정보를 골라내는 과정이 훨씬 적은 인지적 자원을 필요로 하기 때문입니다. 특히 이용자의 관심사와 선호에 맞는 콘텐츠를 쉽게 제공하는 디지털 플랫폼 환경에서는 정보의 진위 여부보다 개인의 선호가 정보 소비에 더 큰 영향을 미치게 됩니다. 최소한의 인지적 노력만으로 자기 입맛에 맞는 정보를 선택하고 공유해버리는 경향은 소셜미디어와 같은 플랫폼에서 가짜뉴스가 빠르게 확산되는 또 다른 이유가 됩니다.

인지적 숙고 수준을 검사하는 시험에서 제출된 문제입니다. 여러분도 한 번 풀어보세요.

① 야구 방망이와 공의 가격은 총 1달러 10센트입니다. 방망이는 공보다 1달러 더 비쌉니다. 공의 가격은 얼마일까요?

_______ 센트

② 5대의 기계가 5개의 위젯(widget)을 만드는 데에 5분이 걸린다면, 100대의 기계가 100개의 위젯을 만드는 데에 걸리는 시간은 얼마일까요?

_______ 분

③ 어느 호수에 수련 잎들이 떠 있습니다. 수련 잎들이 차지하는 너비는 매일 두 배로 늘어납니다. 수련 잎들이 호수 전체를 덮는 데 걸리는 시간이 48일이라면, 호수의 절반을 덮는 데 걸리는 시간은 얼마일까요?

_______ 일

정답 ① 1달러 5센트, ② 5분, ③ 47일

한편, 인간에게 인지적 구두쇠 성향이 있다는 사실은 지능 수준과 인지적 숙고 사이에 직접적인 연관성이 없음을 의미합니다. 지능의 높고 낮음에 관계없이 사람은 누구나 인지적 자원을 절약하려는 경향이 있다는 것입니다. 인지적 숙고 수준을 검사하는 시험에서 하버드대학교 학생들의 평균 점수는 100점 만점에 50점에 불과해 지능이 높은 사람들도 모든 상황에서 자신의 인지적 자원을 최대한 활용하지 않는다는 점이 알려졌습니다.[12] 이는 가짜뉴스의 확산과 관련하여 중요한 시사점을 제공합니다. 지능이 높은 사람들도 쉽게 가짜뉴스에 속아 넘어갈 수 있으며 누구나 가짜뉴스를 경계해야 한다는 것입니다.

진실착각효과

진실착각효과(Illusory truth effect)는 사람들이 어떤 정보를 반복적으로 접할 때 사실관계와 상관없이 그 정보를 자연스럽게 진실로 받아들이는 것을 말합니다. 인간의 뇌는 익숙한 정보를 처리할 때 더 적은 인지적 노력을 필요로 한다고 합니다. 따라서 같은 정보에 반복적으로 노출되면 이 정보에 대한 신뢰감은 자연스럽게 높아진다는 것이죠. 이같은 효과는 가짜뉴스와 소문의 확산에 큰 영향을 미칩니다. 사람들이 특정 정보를 반복해서 접하게 되면, 그 정보가 가짜라 하더라도 진실로 받아들일 가능성이 올라가기 때문입니다.

특히 소셜미디어와 같은 디지털 플랫폼에서는 진실착각효과가 더욱 강력하게 나타날 수 있습니다. 디지털 플랫폼은 개인의 콘텐츠 사용이나 댓글, 공유행동 등으로 축적된 데이터에 기반해 설계한 추천 알고리즘을 통해 사람들에게 유사한 정보를 반복적으로 접할 수 있는 환경을 제공합니다. 이들 알고리즘은 이용자의 과거 활동과 관심사, 상호작용 등을 분석하여 개인화된 콘텐츠를 추천합니다. 이는 이용자가 이전에 관심을 보였던 주제나 유형의 콘텐츠가 이용자의 화면에 우선적으로 보이도록 합니다. 어떤 정치적 견해와 관련된 게시물에 자주 반응했던 이용자에게는 정치적 관심이 비슷한 다른 이용자를 친구로 추천한다거나 특정 취미를 가진 이용자에게는 자주 방문했던 페이지의 게시물을 우선 보여주는 방식입니다. 이처럼 맞춤형 콘텐츠가 제공되는 경우 이용자는 자신의 관심사와 일치하는 정보를 더욱 쉽게 접하면서 유사한 정보에 반복적으로 노출됩니다.

소셜미디어 등의 플랫폼은 이용자가 특정 콘텐츠에 대해 반응하고 그 반응을 다른 이용자와 공유할 수 있도록 합니다. 이를 콘텐츠 관여 기능이라고 하는데, 이러한 기능에는 '좋아요', '공유하기', '리트윗', '댓글 달기' 등이 포함됩니다. 플랫폼은 이용자가 관여 기능을 이용해 특정 콘텐츠에 어떻게 반응했는지 데이터를 수집함으로써, 추천 알고리즘이 이용자에게 유사한 콘텐츠를 제공하도록 합니다. 어떤 이용자가 특정 정치적 게시물에 '좋아요'를 누르거나 댓글을 달면, 소셜미디어 플랫폼은 이 이용자가 해당 주제에 관심이 있다고 판단합니다. 또, 이용자의 친구나 팔로어가 특정 콘텐츠를 공유하거나 댓글을 달면, 그 콘텐츠는 이용자의 뉴스피드에도 등장할 가능성이 높아집니다. 이에 따라 소셜미디어 등 네트워크 내에서 비슷한 정보를 반복적으로 접할 수 있는 기회가 증가하는 것이죠.

이처럼 정보에 대한 반복적 노출을 쉽게 하는 디지털 플랫폼 환경은 이용자가 특정 정보를 더 신뢰하도록 하기 때문에 진실착각효과는 가짜뉴스나 편향된 정보가 진실로 인식되는 현상을 촉진하게 됩니다.

진실 기본값

인간은 본능적으로 새로운 정보를 진실로 받아들이는 경향이 강합니다. 타인의 말을 의심할만한 명확한 이유가 없는 한 그들의 말을 믿는다는 것이죠. 진화심리학에서는 인간이 사회를 이루고 생존, 번영하기 위해 진화하는 과정에서 다른 구성원의 말을 기본적으로 신뢰하게 됐다고 설명합니다. 실제로 이러한 진실 기본값 경향은 사회적 신뢰를 촉진하고 일상적인 대화와 정보 교환에서 효율성을 증가시키는 중요한 역할을 합니다. 다른 사람의 말을 의심부터 해야 한다면 세상살이가 참 힘들고 팍팍하게 느껴질 수 있겠죠.

하지만 이러한 인간의 진실 기본값 본능이 현대에 와서는 가짜뉴스를 더욱 확산시키는 원인으로 작용합니다. 진실 기본값 본능에 따라 사람들은 정보의 출처나 정확성을 깊이 있게 검증하지 않은 채 거의 자동적으로 진실로 받아들이기 때문에, 가짜뉴스 역시 쉽게 신뢰하고 공유하는 경향이 나타나기 마련이죠. 특히 온라인 환경에는 검증되지 않은 정보가 넘쳐나는데, 많은 이들은 이러한 정보를 의심 없이 받아들입니다. 친구나 지인과 쉽게 정보를 주고받을 수 있는 소셜미디어의 특성은 검증되지 않은 정보가 진실로 인식되고 빠르게 확산되는 원인이 됩니다. 사람들이 친숙한 출처에서 비롯된 정보를 더욱 신뢰하고 이는 진실 기본값 본능의 효과를 더욱 강화하는 결과를 부르기 때문입니다.

진실 기본값 이론을 제안한 팀 레빈(Tim Levine)은 2021년 발표한 논문에서 사람들이 대부분의 상황에서 주어진 정보를 의심 없이 받아들이는 경향이 있음을 실험으로 검증했습니다.[13] 레빈은 160여 명의 실험참가자들에게 10분 분량의 짧은 동영상을 보여주고 머릿속에 떠오르는 모든 생각을 적도록 했습니다. 사람들이 영상을 보고 '거짓말', '속임수', '기만', '가짜', '의심스러운', '사실이 아닌'과 같은 단어를 떠올리는지 알아보려고 한 것이죠. 참가자들이 시청한 동영상에는 하버드대 교수의 강연, 외계인을 언급한 물리학자의 강의, 부정부패를 다룬 탐사 보도, 오바마 전 대통령과 트럼프 당시 대통령의 정치 연설, 과장된 풍자 뉴스 등이 포함되었습니다. 연구 결과, 대부분의 참가자들은 자신이 시청한 영상 콘텐츠에 속임수가 있다고 생각하지 않은 것으로 나타났습니다. 다만 풍자 뉴스처럼 콘텐츠의 허구성을 노골적으로 드러내는 영상을 본 사람들만 뉴스 내용이 패러디이자 과장된 내용임을 금방 알아차렸습니다. 하지만 이 경우에도 가짜뉴스라고 규정하기 보다는 그 내용을 의심하는 정도에 그쳤습니다. 이 연구는 정보의 허위성에 대한 명백한 표시가 없는 한 사람들은 주어진 정보를 곧이곧대로 믿는다는 것을 잘 보여주는 사례입니다.

집단 동조

집단 동조는 개인이 주변 사람들의 의견이나 행동에 영향을 받아 자신의 견해나 행위를 변경하는 현상을 일컫습니다. 이는 사회적 압력이나 집단 내의 일치를 추구하는 인간의 본능적인 욕구에서 비롯됩니다. 1950년대 심리학자 솔로몬 애쉬(Solomon Asch)가 수행한 실험 결과는 집단 동조의 강력한 힘을 보여줍니다. 애쉬의 실험에는 한 명의 실험참가자와 여러 명의 연기자가 참여했습니다. 실험참가자는 여러 개의 선이 그려진 카드를 보고 기준선과 길이가 같은 선을 고르라는 요청을 받았습니다. 연기자들이 사전에 합의된 대로 일부러 잘못된 대답을 하자 실험참가자들은 대부분 정답을 알면서도 다수의 의견에 동조하여 잘못된 대답을 선택했습니다. 이 실험은 개인이 집단의 압력에 얼마나 쉽게 굴복하는지를 보여주며 심지어 명백한 사실 또는 거짓 앞에서도 집단의 의견에 동조할 수 있음을 시사합니다.

인간이 집단에 동조하는 이유로는 먼저 정보가 부족한 상황에서 타인의 판단을 신뢰할 수 있는 정보원으로 여기기 때문입니다. 특

솔로몬 애쉬와 동조 현상 실험

히 자신의 지식이나 경험이 부족하다고 느낄 때 다른 사람들의 의견이나 행동을 참고 자료로 활용하는 경향이 강해집니다. 만약 어떤 사람이 새로운 환경에 처하면 주변 사람들이 어떻게 행동하는지 관찰하고 그들의 행동을 따라하는 것이 적절한 행동 방식을 배우는 유용한 방안이 되므로 집단에 동조하는 것이죠. 또한, 집단에 대한 동조는 개인이 사회적으로 인정받고 집단 안에서 자신의 지위를 확보하려는 욕구와 관련이 있습니다. 사회적 동물인 인간에게 집단의 일원으로 인정받고 소속감을 느끼는 것은 매우 중요합니다. 따라서, 타인의 판단이나 의견을 따르는 것은 개인이 집단 내에서 거부되거나 고립되는 것을 방지하고 사회적 관계를 유지하는 데 큰 도움이 됩니다.

집단 동조는 사람이 공동체를 유지하고 타인과 조화롭게 살아가는 데 도움이 되지만 가짜뉴스 현상과 결합되면 잘못된 정보에 대한 무비판적 수용과 확산으로 이어질 수 있습니다. 집단 내에서 가짜뉴스가 공유되기 시작하면 사람들은 다른 구성원들이 해당 정보를 받아들이고 공유하는 것을 보고 자신도 비슷한 행동을 하게 됩니다. 애쉬의 실험에서 확인된 것처럼 다른 사람들의 답변이 명백히 틀렸다는 것을 알았음에도 불구하고, 사람들은 집단의 의견에 동조하는 경향을 보였습니다. '저들이 맞고 내가 틀린 것은 아닐까', '굳이 남들과 다른 답변을 해서 갈등을 일으킬 필요가 있을까' 하는 생각들이 다수의 잘못된 답변에 동조하는 결과를 낳은 것입니다. 이는 가짜뉴스를 수용하고 공유할 때 독립적인 판단과 비판적 사고보다는 집단 내의 다수 의견에 휩쓸릴 가능성이 크다는 것을 알려줍니다.

특히 소셜미디어와 같은 온라인 환경에서는 이러한 현상이 더욱 심해집니다. 소셜미디어에서는 정보의 출처와 진위를 쉽게 확인하기 어렵고 대부분의 이용자들은 친구나 팔로어들이 공유하는 정보를 쉽게 신뢰하는 경향이 있습니다. 따라서 한 사람이 가짜뉴스를 공유하면 그의 네트워크 내에서 이 정보가 빠르게 퍼져 나가고, 이 과정에서 점점 더 많은 사람들이 그 정보를 진실로 받아들이게 됩니다.

코로나19 기간 동안 우리나라에서는 주로 카카오톡 메신저를 통해 코로나와 관련된 가짜뉴스가 대규모로 확산되었습니다. '고춧대차를 마시면 코로나 증상이 사라진다', '말라리아 치료제가 코로나

치료나 예방에 효과가 있다' 등 민간요법이나 효능이 검증되지 않은 약에 대한 정보가 많았습니다. 특히 코로나19 취약계층인 고령층을 중심으로 가짜뉴스가 확산되는 데에 카카오톡이 큰 역할을 했습니다. 카카오톡과 같은 메신저 앱에서는 주로 친구나 가족으로부터 메시지를 전달받기 때문에 이용자들은 카카오톡에서 유통되는 정보를 더 쉽게 믿고 공유하는 경향이 나타납니다. 많은 사람들에게 공유되고 그 정보를 믿는 사람들이 늘어날수록 집단 동조의 힘은 점점 더 강해질 것입니다. 결과적으로 집단 동조 현상은 가짜뉴스의 확산을 촉진하고 사람들이 잘못된 정보를 진실로 인식하게 하는 주요 원인으로 작용하는 것이죠.

3

기술 발전과 가짜뉴스

지금까지 가짜뉴스에 대해 살펴보면서 이 문제가 현대, 특히 최근에 심각해졌다는 것을 느끼셨을 것입니다. 가짜뉴스가 아주 오래 전부터 있어 왔고 정보를 잘 믿는 인간 본능 또한 예전부터 존재했는데 하필 최근에 이 문제의 심각성을 많이 이야기하는 데는 다 이유가 있습니다. 그것은 우리가 정보를 주고받는 환경이 최근 20여 년 동안 급격히 변했기 때문입니다.

기술 발전으로 인한 정보 환경의 변화는 가짜뉴스 유포 방식에 중대한 영향을 미쳤습니다. 이와 관련된 변화의 핵심적인 사건으로 인쇄술의 발명과 방송의 시작 그리고 인터넷의 등장을 들 수 있습니다. 인쇄술의 발명은 정보의 대량 생산과 유통을 가능하게 했으며, 이로 인해 더 많은 사람들이 다양한 정보에 접근할 수 있게 되었습니다. 그러나 이와 동시에 검증되지 않은 정보나 허위정보가 널리 퍼질 수 있는 토대가 마련되었습니다. 방송의 시작은 정보 전달의 속도와 범위를 한층 더 확장시켰습니다. 라디오와 텔레비전은 실시간으로 정보를 전달할 수 있는 매체로 빠른 속도로 많은 수의 대중들에게 일시에 영향을 미칠 수 있는 새로운 경로를 인류에 제공했습니다.

인터넷의 등장은 정보 환경에 그야말로 혁명적인 변화를 가져왔습니다. 인터넷은 정보 접근성을 극대화해 누구나 쉽게 정보를 생성하고 공유할 수 있게 만들었습니다. 이는 정보의 대중화를 촉진했지만, 동시에 가짜뉴스의 유포와 확산을 더욱 쉽게 했습니다. 소셜미디어와 같은 플랫폼은 이용자들이 자신의 관심사에 맞는 정보를 쉽게 찾고 공유할 수 있게 해 개인의 신념이나 선호에 따라 정보가 걸러지는 '여과거품막(필터버블 filter bubble)' 현상을 촉진했습니다. 이러한 정보 환경에서 가짜뉴스는 더욱 빠르게 퍼지고, 사람들이 자신의 기존 신념을 강화하는 정보를 선택적으로 수용하는 경향은 한층 더 심해졌습니다. 이와 같이 정보환경의 변화를 일으킨 기술 발전의 영향을 좀더 구체적으로 살펴보겠습니다.

인쇄술의 등장

인쇄기술이 나오기 전 가짜뉴스는 주로 사람들의 입을 통해 전파됐습니다. 뉴스나 이야기 등 대부분의 정보가 문자보다는 말로 전달되었습니다. 양피지나 책 등의 기록 수단은 아주 희귀해 주로 특권층 등 극소수의 사람들만 사용했기 때문이죠. 사람들의 입에서 입으로 이야기가 전달되는 방식은 정보의 정확성을 보장하기 어려워 전달 과정에서 이야기가 과장되거나 변형되기 일쑤였습니다. 이렇게 말로 하는 정보 전달은 그 범위가 제한적이었기 때문에 가짜뉴스가 만들어지더라도 주로 제한된 지역 안에서만 영향을 미칠 뿐이었습니다.

그러나 인쇄술의 발명은 이러한 상황을 근본적으로 바꿔 버렸습니다. 인쇄기술로 정보의 대량 생산과 빠른 유포가 가능해졌기 때문에 가짜뉴스는 더 넓은 지역으로 빠르게 확산될 수 있었습니다. 당연히 가짜뉴스의 부정적 영향도 이전과는 비교할 수 없을 정도로 강력해졌습니다. 당시 사건이나 소문, 스캔들에 대한 이야기는 '플라이어(flyer)' 또는 '팸플릿(pamphlet)'으로 불리는 소책자 형태의 인쇄물을 통해 퍼져 나갔습니다. 확인되지 않은 소문을 담은 소책자들은 사람들 사이에 공포와 편견을 조장하기도 했습니다.

1484년부터 로마 가톨릭 교회가 유포한 『마녀 잡는 망치』는 인쇄물을 이용한 가짜뉴스 확산의 대표적 사례입니다. 이 책의 원래 제목인 '말레우스 말레피카룸(Malleus Maleficarum)'은 '모든 마녀와 이단 행위를 강력한 창처럼 심판하는 망치'라는 뜻을 가진 단어로, 『마녀 잡는 망치』는 마녀를 구별하는 일종의 지침서 역할을 했습니다. 이 책은 제목 그대로 마녀를 악으로 규정하고 심판해야 한다는 내용을 담고 있었습니다. 1부에서는 악마와 마녀의 관계를 설명하고, 2부는 악마의 하수인으로서 마녀가 저지르는 구체적인 악행과 타락상을, 3부는 마녀를 색출하는 요령과 고문하는 방법을 상세하게 다뤘습니다. 마녀는 악마와 결탁한 반사회적 존재로 아이들을 악마에게 제물로 바치는 끔찍한 존재로 묘사되었습니다.

"한밤중에 한적한 산이나 들판에 마녀들이 모인다. 그들은 때로는 온몸에 기름을 바른 채, 빗자루나 막대기, 혹은 동물을 타고 날아오거나 동물로 변해서 도착하기도 한다. 처음 모임에 참석한 이들은 기독교적 신성을 부정하고, 성례를 모욕하고 악마에게 충성하는데, 악마는 인간의 모습이나 동물, 혹은 반수의 형상을 하고 있다. 주연이 벌어지고 광란의 춤과 난교가 뒤따른다. 이들 마녀들은 어린 아이로부터 짜낸 기름과 다른 재료들을 섞어 만든 악마의 향유를 선물로 받아 집으로 돌아간다."

『마녀 잡는 망치』는 사람들의 머릿속에 마녀에 대한 부정적 이미지를 형성하는 데 매우 중요한 역할을 했습니다. 동서양을 막론하고 사람들은 오랫동안 마법이나 주술을 믿어 왔습니다. 그리고 이러한 능력을 가진 이들을 마법사나 마녀라고 불렀습니다. 과학이 발달하지 않은 시대에는 설명하기 어려운 현상들이 마법으로 간주되었고, 마녀는 초자연적인 힘을 이용해 일상의 어려움을 해결해주는 존재로 여겨졌습니다. 실제로 마녀는 현대의 의사, 약사, 약초사, 치유사, 산파, 무속인 등 다양한 역할을 겸했습니다. 하지만 『마녀 잡는 망치』가 출판된 이후 마녀들은 악마와 결탁한 존재로 낙인찍혀 처벌과 박해의 대상이 되었습니다. 15세

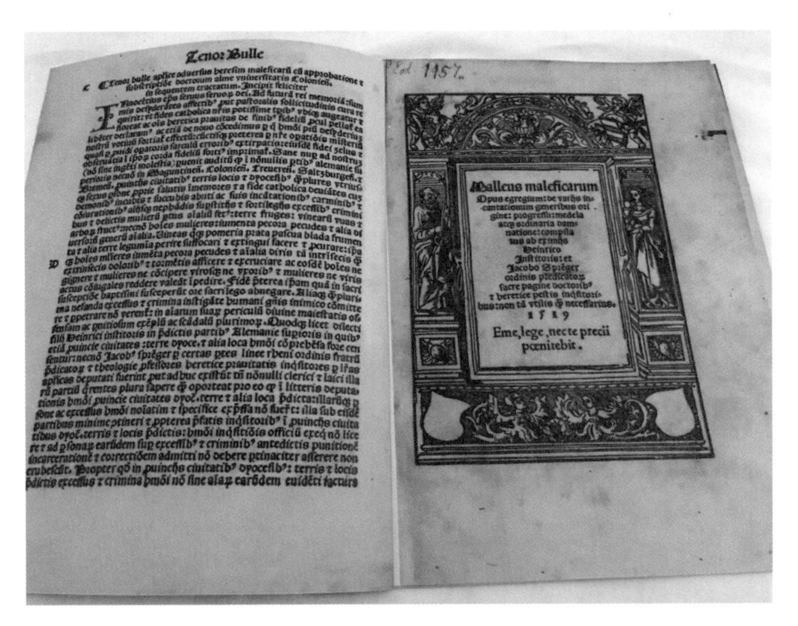

마녀사냥의 근거가 된 책 『마녀 잡는 망치』

기부터 17세기 말까지 유럽 전역에서 수많은 사람들이 마술을 부린다는 혐의로 재판을 받고 처형되었습니다. 이른바 '마녀사냥'입니다.

마녀사냥의 역사는 인쇄술로 가짜뉴스의 영향력이 얼마나 강력해졌는지 잘 나타내는 사례입니다. 『마녀 잡는 망치』 이전에도 마녀에 대한 부정적인 묘사와 마녀사냥 방법을 소개하는 책은 있었습니다. 하지만 『마녀 잡는 망치』가 다른 점은 바로 인쇄술을 이용한 출판물이라는 것이었습니다. 이 책이 출판된 시기는 구텐베르크가 인쇄기로 성서를 발행한 이후 약 50년이 지난 시점으로 당시 유럽 전역에는 인쇄술이 널리 퍼져 있었습니다. 또한 책에 대한 수요가 증가하고 독서가 일반화되는 추세였습니다.

『마녀 잡는 망치』는 이러한 인쇄술의 혜택을 가장 먼저 본 책이었습니다. 인쇄술 덕분에 허위정보를 기록한 책이 대량 생산되어 널리 유포될 수 있었습니다. 이전과는 비교할 수 없이 많은 독자들에게 영향을 미쳤습니다. 성직자와 신학자, 법률가들의 필독서였고 대중서로도 큰 인기를 누렸습니다. 교황과 당대 최고 대학인 쾰른 대학교의 신학부 교수들, 신성 로마제국의 황제까지 이 책의 내용을 보증했다는 점도 책의 인기를 설명할 수 있습니다. 사실 이 책이 처음 출간되고 4년 뒤 교황청은 이 책에 오류가 있다고 선언했지만 이미 불길처럼 타오르기 시작한 책의 인기는 식을 줄 몰랐습니다. 『마녀 잡는 망치』는 18세기까지 29쇄를 찍어 내며 큰 인기를 끌었고 인류 역사상 가장 많은 사람을 죽인 책으로 기록되었습니다.

이후 마녀 재판에 대한 이론적 근거를 제공하는 책이 수없이 출간되었습니다. 다른 책들 역시 여성에 대한 비이성적인 편견과 혐오를 담은 내용으로 가득 차 있었습니다. 예를 들어 '사악한 여인과 함께 사는 것보다 사자나 뱀과 함께 사는 것이 낫다' 또는 '여성은 혼자 생각할 때 사악한 생각을 한다'와 같은 내용이 포함되었습니다. 마녀에 대한 잘못된 정보와 과장된 내용을 포함한 인쇄물은 대중의 두려움과 편견을 조장했고, 마녀사냥이라는 야만적인 행위가 수백년 간 지속되는 데 결정적인 역할을 했습니다.

라디오와 방송 기술의 영향

라디오와 방송 기술의 발전은 가짜뉴스의 영향력을 한층 더 확대시켰습니다. 인쇄 매체를 통해 전달되는 가짜뉴스는 주로 글을 읽을 줄 아는 지식층을 대상으로 했지만 라디오와 방송은 더 넓은 범위의 대중들에게 신속하게 메시지를 전달할 수 있었기 때문입니다. 또한 방송이 전달하는 정보는 시각과 청각을 자극하는 요소를 포함하기 때문에 메시지의 설득력을 높이는 특징을 가지고 있습니다. 이러한 매체 특성은 가짜뉴스가 대중의 감정과 인식에 더 깊은 영향을 미칠 수 있게 하기 때문에, 방송은 특히 대중의 의견 형성에 영향을 미치는 수단으로 활용되는 경우가 많았습니다.

라디오의 영향력과 가짜뉴스로 인한 사회적 혼란을 잘 보여주는 사례로 1938년 미국에서 발생한 '우주 전쟁(The War of the Worlds)' 소동이 있습니다. 영화감독으로 유명한 오슨 웰스(Orson Welles)가 제작한 라디오 드라마 '우주 전쟁'은 화성인의 지구 침공 장면을 다루면서 뉴스 속보와 현장 인터뷰, 정부 관계자의 발언 등 실제 뉴스 보도에서 쓰이는 연출 방식을 그대로 가져왔습니다. 이 때문에 많은 청취자들이 드라마 방송 내용을 실제 사건으로 오해하고 공포에 휩싸여 큰 혼란이 일어났습니다.

방송을 듣던 일부 청취자들은 화성인의 침공을 실제로 믿고 경찰에 신고하거나 피란길에 나서는 등의 반응을 보였습니다. 이 사건은 대중을 기만하려는 나쁜 의도에서 시작된 것은 아니었지

DAILY NEWS

FINAL

FAKE RADIO 'WAR' STIRS TERROR THROUGH U.S.

"War" Victim

"I Didn't Know".

라디오 드라마에서 방송한 가짜 '전쟁'이 미국 전역을 공포에 빠뜨렸다고 보도한 1938년 10월 31일자 《데일리 뉴스(뉴욕)》 1면

만 라디오와 같은 대중 매체, 특히 방송을 통해 가짜뉴스가 전달되는 경우 얼마나 큰 혼란이 벌어질 수 있는지 잘 보여주는 예시라 할 수 있겠습니다.

라디오 방송은 사회 정치적 이슈에 대한 대중의 사실 인식과 의견에 영향을 미치는 데 효과적이기 때문에 여론 조작의 수단으로 자주 사용되었습니다. 라디오를 통해 여론을 조작하고 가짜뉴스를 효과적으로 유포한 사례로 독일의 나치 정권을 빼놓을 수 없습니다. 1933년 독일의 선전부 장관에 임명된 괴벨스는 나치 정권의 선전과 선동을 총괄한 인물입니다. 그는 뛰어난 글솜씨와 연설 실력

나치의 선전부 장관 요제프 괴벨스는 라디오의 강력한 힘을 알고 있었기에 독일 제조업체들에게 값싼 라디오를 판매하도록 강요했다 ⓒ Deutsche Welle

으로 히틀러의 오른팔로 일하며 1928년 선거에서 득표율 3%에 불과했던 나치당을 4년 만에 득표율 37%의 원내 1당으로 만드는 데 크게 기여했습니다. 그가 선전부 장관에 임명된 이유로는 나치에 도움이 되는 어떤 가짜뉴스라도 유포하는 데 주저하지 않았다는 점을 꼽을 수 있습니다. 괴벨스는 나치에 반대하는 집단을 '멸종시켜야 할 존재', '도살되어야 할 대상'으로 규정하고 수많은 폭력 집회를 조직했습니다.

괴벨스는 '언론은 국가가 원하는 곡을 연주하는 피아노'라는 신념을 가진 사람이었습니다. 그는 왜곡된 언론관을 기반으로 '히틀러는 구세주이자 천재, 구국의 영웅'이라는 메시지를 퍼뜨리고자 했습니다. 이를 위해 꼭 필요하다고 판단한 것이 라디오의 보급이었습니다. 괴벨스는 일반 라디오의 반값에 불과한 보급형 라디오를 대량 생산하도록 지시했습니다. 당시 독일 인구가 8천만 명이었는데 반값 라디오는 무려 1천만 대가 팔려나갔습니다. 이 라디오가 나치 정권의 이념을 강화하고 반대 의견을 가진 사람들을 억압하는 데 사용된 것은 물론입니다. 오죽하면 당시 독일 국민들이 이 라디오를 '괴벨스의 주둥이'라고 불렀을까요? '괴벨스의 주둥이'에서는 2차 대전이 나치의 패망으로 끝나는 순간까지도 독일이 이기고 있다는 거짓된 내용이 흘러나왔습니다.

제2차 세계대전 당시 라디오의 영향력에 주목한 것은 나치 독일만은 아니었습니다. 연합군은 독일에 불리한 여론을 확산시키기 위해 아예 가짜 라디오 방송국을 만들었습니다. 영국의 정치전집행부는 가짜 독일 라디오 방송국을 만들어 독일군의 사기를 저하시키고 나치 정권에 대한 신뢰를 약화시킬만한 가짜 뉴스를 내보냈습니다.[14]

여기에는 '독일이 군사적으로 패배하고 있다', '나치 고위 관리들이 망명을 계획하고 있다' 등의 내용이 포함되었습니다. 이 가짜 방송은 실제 독일군의 라디오 방송처럼 들리도록 하기 위해 일반 뉴스와 오락물을 편성하고 그 안에 허위정보를 적절히 섞었습니다.

연합군이 만든 가짜뉴스가 독일군 내부에서 혼란을 일으킨 것은 물론 독일의 진짜 뉴스 매체에 의해 보도되는 경우도 있었으니 가짜뉴스 방송국 작전은 성공적이었다고 할 수 있습니다. 이러한 연합군의 심리전은 이후 '검은 선전(black propaganda)'으로 알려졌습니다.

인터넷과 소셜미디어

인터넷으로 모든 것이 달라졌습니다. 특히 인간의 정보 관련 행위는 인터넷 이전과는 비교할 수 없을 정도로 달라져 누구나 쉽게 정보를 생성하고 다수의 대중에게 빠른 속도로 유포하는 것이 가능해졌습니다. 이제 정보의 공급원은 전통적인 언론사는 물론, 소셜미디어와 유튜브, 블로그, 온라인 댓글 등으로 매우 다양하게 확대되었습니다. 이러한 다양한 플랫폼을 통해 누구나 콘텐츠를 제작하고 공유할 수 있게 되면서 정보의 접근성과 다양성은 크게 증가했지만, 동시에 가짜뉴스의 제작과 유포도 아주 쉬워졌습니다. 전문적인 검증 과정을 거치지 않은 콘텐츠가 제작되면서 사실과 거짓이 섞여 있는 정보들이 퍼져나갈 가능성 또한 더욱 커졌습니다.

특히 소셜미디어 환경은 가짜뉴스의 생산과 전파, 소비 과정을 그야말로 극적으로 변화시켰습니다. 소셜미디어 플랫폼은 정보를 실시간으로 공유할 수 있는 환경을 제공해 이용자들이 다양한 소식을 즉각적으로 접하고 전파할 수 있게 만듭니다. 이용자들은 검증되지 않은 정보나 소문을 접하고 이를 친구나 팔로어들과 공유함으로써 더 넓은 범위의 네트워크로 정보를 확산시킵니다. 소셜미디어의 알고리즘은 이용자의 관심사와 반응을 분석하여 유사한 콘텐츠를 계속 제공함으로써, 가짜뉴스가 더욱 빠르고 광범위하게 퍼져나갈 수 있는 환경을 조성합니다.

인도에서는 2018년 한 해 동안 가짜뉴스 하나 때문에 억울하게 목숨을 잃은 사람이 무려 30여 명에 달했습니다. 일명 '호파도라 사건'은 소셜미디어의 위력을 충격적이고 비극적으로 보여주는 사례입니다. 인도의 한 마을에는 나쁜 짓을 한 어린이를 찾아와 데려간다는 호파도라에 관한 전설이 있었습니다. 어린이들 사이에 도는 소문에 불과했던 이야기는 어느 순간 소셜미디어를 통해 어린이를 유괴해 장기를 꺼내가는 납치범의 이야기로 둔갑했습니다. 호파도라 이야기가 소셜미디어를 통해 여러 지역으로 확산되자 많은 인도인들이 이를 사실로 여기기 시작한 것입니다.

인도 각지에서 마을의 어린이들을 지키기 위해 보초를 서는 등 두려움은 점차 커졌습니다. "호파도라가 나타났다!" 불안에 떨던 사람들에게 마을에 나타난 낯선 남성들은 모두 호파도라로 보였습니다.

이 가짜뉴스로 인해 인도 각지에서 수백 명의 마을 사람들이 외지인을 집단 폭행하고 끝내 사망에 이르게 한 사건이 속출했습니

평범한 청년이었던 아비지트 나스(왼쪽)와 닐로트팔(오른쪽)은 호파도라라는 오해를 받고 2018년 6월 집단 폭행을 당해 사망했다 ©BBC

다. 소셜미디어를 통해 만들어지고 급속도로 퍼진 가짜뉴스가 만들어낸 참극이었습니다.

소셜미디어의 관계적 특성은 인간의 동종 선호 경향과 밀접하게 연결되어 있습니다. 이용자들은 자신과 유사한 관점이나 신념을 가진 사람들과 소통하고 정보를 공유하는 경향이 있습니다. 이로 인해 정보는 비슷한 신념이나 관점을 가진 집단 내에서 특히 빨리 전파되며, 집단 내에서 공유되는 정보의 신뢰성도 높아집니다. 이 과정에서 가짜뉴스는 진실로 받아들여지고 집단 내부의 신념은 더욱 공고해집니다. 인간의 동종 선호 본능이 새로운 기술로 태어난 정보환경과 결합해 가짜뉴스가 집단 내에서 더욱 강력한 영향력을 발휘하고, 집단 내에서의 공유를 통해 가짜뉴스의 신뢰도가 높아지도록 한다는 것이죠.

자동화된 선전 수단

소셜미디어와 같이 강력한 정보 전달 네트워크가 나오면서 이를 활용하는 자동화된 선전 수단도 다양한 모습으로 등장하고 있습니다. 이들 선전 수단으로 가짜뉴스의 영향력은 더욱 강력해지며 여론 형성 과정을 왜곡하고 있어 심각한 문제가 되고 있습니다. 영국 옥스퍼드대학의 연구팀은 디지털 기술을 사용해 수행하는 여론 왜곡 및 조작활동을 '자동화된 선전(Computational propaganda)'이라고 이름 붙였습니다. 2018년 미국 플로리다 고교 총격사건 후 일부 음모론자들은 생존 학생인 17살 데이비드 호그가 '돈을 받고 재난을 좇아다니는 전문 배우'라는 내용의 동영상을 유튜브에 올렸습니다. 해당 동영상은 유튜브 인기 영상 공간인 '트렌딩' 코너까지 올라갔고, 많은 사람들이 이를 진실로 받아들였습니다. 유튜브가 하루 만에 이 동영상을 삭제했지만 이미 20만건의 조회수를 기록한 후였고 널리 퍼진 음모론을 되돌릴 수는 없었습니다. 이 사건은 자동화 선전의 대표 사례로 남았습니다.

봇(bots)은 이러한 자동화 선전을 가능하게 하는 기술적 수단 가운데 하나입니다. 봇은 특정 작업을 자동으로 수행하는 소프트웨어로 소셜미디어상에서 가짜 계정을 생성하고 자동으로 게시물을 만들어냅니다. 이런 기능을 통해 특정 주제나 해시태그를 반복적으로 공유하며 가짜뉴스를 폭발적으로 확산시키는 것이죠. 2016년 미국 대통령 선거 기간에는 러시아와 연계된 약 5만 개의 봇 계정이 트위터(현 X)에서 활동한 것으로 알려졌습니다. 이들은 선거 직전 트럼프의 게시물을 50만 번 이상 리트윗하는 등 활발히 활동해 경쟁 후보였던 클린턴의 게시물 리트윗 횟수를 10배 이상 초과하기도 했습니다.

트롤링(trolling)은 온라인 공간에서 의도적으로 분쟁을 유발하거나 혼란을 조성하기 위해 행해지는 행위입니다. 트롤들은 공격적이거나 도발적인 메시지를 게시하여 감정적 반응을 유도하고 논쟁을 촉발합니다. 트롤들이 조직적으로 운영되는 경우 '트롤아미

러시아의 '트롤 공장' 인터넷리서치에이전시가 있었던 러시아 상트페테르부르크 거리의 4층짜리 건물. 이곳에서 일했던 전직 트롤은 1,000여 명이 밤낮으로 가짜뉴스를 만든 적이 있다고 밝혔다 ⓒ 뉴욕타임스

(troll army)'라고 부릅니다. 이들은 정치적, 사회적 목적을 가지고 조직적으로 활동하며 여론을 조작하거나 특정 인물이나 단체에 대한 비방 행위를 벌입니다. 트롤아미는 종종 정부나 정치적 단체가 지원하거나 운영하기도 합니다. 러시아의 인터넷 연구 기관인 인터넷리서치에이전시(Internet Research Agency, IRA)는 2016년 미국 대선 당시 가짜뉴스를 대량으로 생산해 온라인에 유포했다는 의혹을 받았습니다. 이들이 제작한 콘텐츠에 노출된 사람은 무려 1억 2,600만 명으로 전체 미국 유권자의 거의 절반에 달했습니다. IRA에 근무했다는 전직 트롤 비탈리 베스팔로프(Vitaly Bespalov)는 미국 언론과의 인터뷰에서 사람들의 관심을 끌 수 있는 게시물을 소셜미디어에 올리고 한 달에 1,300달러에서 2,000달러의 급여를 받았다고 밝혔습니다. '거짓말을 생산하는 것이 업무의 전부'

였는데 각 부서나 사람마다 할당량이 정해져 있었다고 합니다.

자동화된 선전 수단 중 하나인 허위계정(sock-puppet) 네트워크는 한 사람 또는 소수의 사람들이 여러 개의 가짜 계정을 만들어 운영하는 것을 말합니다. 이러한 네트워크는 여론을 조작하거나 특정 주제에 대한 지지 또는 반대 여론을 만들어내는 데 사용됩니다. 허위 계정을 이용하면 소수의 목소리가 마치 다수 의견처럼 보이게 함으로써 여론을 왜곡할 수 있습니다.

마지막으로, 스푸퍼(spoofers)는 조작된 정보를 진짜처럼 보이게 하는 사람들을 지칭합니다. 스푸퍼들은 종종 신뢰할 수 있는 출처나 인물을 가장하여 허위정보를 유포합니다. 이들은 특정 정보나 메시지에 대한 신뢰도를 높여 대중을 속이는 것을 목적으로 합니다.

이상 다양한 자동화 선전 도구들은 모두 디지털 시대의 가짜뉴스 전파와 선전선동의 주요 수단으로 활용돼 일반대중의 여론 형성에 큰 영향을 미칩니다. 이들은 대중의 관심을 끌고 여론을 조작하는 데 효과적이라면 정보의 진위 여부를 가리지 않고 빠르게 정보를 확산하는 데 목적을 둔다는 공통점이 있습니다.

인공지능 시대의 가짜뉴스

기술의 급속한 발전에 따라 가짜뉴스와 진짜 뉴스의 구분 또한 더욱 어려워지고 있습니다. 특히 챗GPT(ChatGPT) 같은 생성형 인공지능의 발전으로 가짜뉴스 생산과 확산에 대한 우려는 한층 더 커지고 있습니다. 생성형 인공지능(Generative Artificial Intelligence)은 기존 데이터를 바탕으로 새로운 콘텐츠를 생성하는 인공지능 기술입니다. 이 기술은 기계학습(machine learning)을 활용해 텍스트와 이미지, 음성 등 다양한 형태의 데이터를 분석하고 이를 기반으로 새로운 콘텐츠를 만들어 냅니다. 텍스트 생성 인공지능은 주어진 텍스트 데이터를 학습하여 새로운 문장이나 문서를 작성할 수 있고 이미지 생성 인공지능은 기존 이미지를 분석하여 새로운 이미지를 만들어 낼 수 있습니다.

생성형 인공지능으로 가짜뉴스 생산과 유포는 완전히 다른 양상이 될 것으로 예상됩니다. 이 기술을 활용하면 실제와 구분하기 어려운 가짜 문서와 이미지, 음성 등을 짧은 시간에 만들어낼 수 있기 때문입니다. 딥페이크 기술은 실제 인물의 얼굴을 다른 사람의 얼굴로 바꾸거나 존재하지 않는 사람의 얼굴을 생성할 수 있습니다. 이러한 기술로 가짜뉴스의 설득력은 더욱 강해져 사람들은 가짜뉴스를 쉽게 진실로 받아들일 것입니다.

'러시아-우크라이나 전쟁에 사용된 딥페이크 대통령'이라는 제목의 BBC 기사는 러시아와 우크라이나 간의 전쟁에서 사용된 딥페이크 기술을 다뤘습니다. 우크라이나 전쟁이 한창이던 2022년 3월, 페이스북과 유튜브 등 주요 소셜미디어 플랫폼을 통해 볼로디미르 젤렌스키 우크라이나 대통령이 러시아에 항복을 선언하는 듯한 영상이 유포됐습니다. 비슷한 시기, 또 다른 영상에는 블라디미르 푸틴 러시아 대통령이 평화를 선언하는 모습이 등장했습니다. 두 영상 모두 딥페이크 기술을 활용해 생성한 가짜뉴스였습니다. 전문가들은 우크라이나 전쟁과 관련된 이번 영상들은 너무 조잡하게 만들어져 가짜라는 사실이 쉽게 드러났지만 관련 기술이 빠르게 발전하고 있어 가까운 미래에는 딥페이크 영상의 허위성을 알아채기가 쉽지 않을 것이라고 우려했습니다.

2023년초에는 미국 조 바이든 대통령을 깜짝 놀라게 한 딥페이크 영상이 퍼졌습니다. 이 영상에서 바이든 대통령으로 보이는 인물은 성전환한 사람을 향해 "진정한 여자가 될 수 없다"고 말하는 것처럼 편집되었습니다. 이는 실제 바이든 대통령의 발언이 아님에도 불구하고, 영상의 품질이 좋고 영상 속 바이든 대통령의 얼굴과 목소리가 실제와 매우 유사하여 큰 혼란을 야기했습니다. 바이든 대통령조차 "내가 언제 저런 말을 했지?"라고 생각할

민주당 소속인 힐러리 클린턴 전 국무장관이 공화당 대선 후보를 지지했다는 가짜뉴스 방송의 한 장면. 트럼프 전 대통령의 지지자들이 소셜미디어에 공유한 이 동영상은 40만 번 이상 조회되었다
© OECD.AI

정도였습니다. 또 다른 딥페이크 영상에서는 힐러리 클린턴 전 국무장관이 공화당 대선 후보인 론 디샌티스 플로리다 주지사를 공개적으로 지지하기도 합니다. 클린턴 전 장관은 민주당 출신이지만, 영상 속의 그는 "디샌티스는 이 나라에 필요한 사람"이라고 말하고 있었습니다.

프랑스에서는 에마뉘엘 마크롱 대통령이 추진한 연금 개혁에 반대하는 시위가 한창이던 2023년 초, 소셜미디어를 통해 확산된 사진들 속에는 마크롱 대통령이 분노한 시위대에 쫓기거나 경찰에 제지를 당하는 장면이 담겨 있었습니다. 언뜻 보면 사실로 보이는 사진이었습니다. 마크롱 대통령의 생생한 표정과 매우 현실적인 배경 등 실제로 촬영된 이미지와 차이를 찾기 어려울 정도로 감쪽 같았지만 이들 사진 또한 모두 인공지능이 생성한 가짜 이미지였습니다.

챗GPT 같은 인공지능 챗봇을 이용한 가짜뉴스의 대량 생산 위험도 함께 커지고 있습니다. 챗GPT와 같은 고성능 언어생성모델은 인간의 언어를 다루는 자연어 처리 기술을 기반으로 해 이용자의 질문이나 명령에 대해 인간처럼 자연스러운 대답을 생성하도록 훈련되었습니다. 이 때문에 챗GPT는 다양한 주제에 대해 신뢰할 만한 정보를 빠르고 효율적으로 생성할 수 있지만 동시에 허위정보를 포함한 가짜뉴스 역시 쉽고 빠르게 만들어낼 수 있습니다. 게다가 챗GPT는 이용자의 요청에 따라 특정한 스타일이나 톤으로 콘텐츠를 생성할 수 있습니다. 이는 가짜뉴스 제작자가 특정 목적에 맞춰

2023년 5월 22일 소셜미디어를 통해 확산된 미국 국방부 청사 부근 폭발 장면 사진. 이 사진으로 인해 미국 주가가 하락하는 등 혼란이 있었지만, 이는 인공지능이 생성한 가짜 사진으로 밝혀졌다

내용을 조작하거나 특정 집단을 대상으로 한 선동적 메시지를 제작하는 데 악용할 수 있다는 것을 의미합니다.

2023년 5월 가짜뉴스 감시 단체인 미국의 뉴스가드는 인공지능 챗봇을 이용해 가짜뉴스를 생산하고 퍼뜨리는 사이트를 50여 개 발견했다는 조사 결과를 발표했습니다. 조사에 따르면, '콘텐츠 팜(content farms)'으로 불리는 이들 사이트는 선정적 내용의 가짜뉴스를 속보로 전달해 클릭을 유도함으로써 광고 수익을 얻는다고 합니다. 예를 들어 '셀럽데스'라는 사이트는 '바이든 대통령 사망'이라는 가짜뉴스를 게재했고, '티뉴스네트워크'는 우크라이나 전쟁에서 수천 명이 사망했다는 허위 사실을 보도했습니다. 인공지능 챗봇이 만들어낸 가짜뉴스는 진짜와 구분하기 어려울 정도로 정교해 사람들을 오해와 혼란에 빠뜨릴 수 있습니다.

현재 인공지능 챗봇을 활용하는 콘텐츠 팜은 전 세계에 퍼져 있으며 영어와 태국어, 포르투갈어 등 다양한 언어로 운영되고 있다고 합니다. 전문가들은 "예전에는 가짜뉴스를 만드는 데 인건비라도 들어갔지만 이제는 무료로 더 쉽고 빠르게 콘텐츠를 만들 수 있다"며 "더욱 많은 콘텐츠 공장이 자동화될 것"이라고 전망했습니다.

1 기원전 로마에서 옥타비아누스는 소문을 날조해서 안토니우스에게 '바람둥이', '술꾼', '클레오파트라의 꼭두각시' 이미지를 덮어씌웠습니다. 그 결과 로마의 대중들은 안토니우스가 로마를 배신하고 이집트 편에 서서 로마를 위태롭게 할 것이라 믿게 되었고 결국 옥타비아누스가 로마 황제 자리에 올랐습니다. 만약 반대로 안토니우스가 옥타비아누스에 대한 악소문을 퍼뜨리는 데 성공했다면 어떤 일이 벌어졌을까요? 상상을 통해 가짜뉴스의 위력에 대해 생각해 봅시다.

2 마케도니아의 시골 마을 벨레스에는 2016년 미국 대선을 앞두고 가짜뉴스를 통해 돈을 버는 웹사이트가 무려 140개나 생겨났습니다. 가짜뉴스 웹사이트의 운영자인 10대 청소년들은 미국 정치 뉴스가 돈벌이에 큰 도움이 된다는 것을 알고 특정 후보에게 유리한 뉴스를 주로 생산했습니다. 자신들의 행위가 다른 나라 민주주의에 미칠 영향을 전혀 고려하지 않고 돈벌이를 위해 가짜뉴스를 퍼뜨린 마케도니아 청소년들의 행동을 평가해 봅시다.

3 소문의 허위성이 확인된 이후에도 인체 비누에 대한 가짜뉴스는 유대인 수용소 관련 영화 등을 통해 마치 사실처럼 전해지고 있습니다. 유대인들이 인체 비누에 대한 가짜뉴스를 쉽게 믿어 버리고 수십 년이 흐른 후에도 그 믿음을 버리지 못하는 이유는 무엇일까요? 정보를 처리하는 인간의 심리적 특징과 관련해 생각해 봅시다.

4 카카오톡 같은 메신저 서비스는 가족이나 친구처럼 가까운 사람들에게 정보를 공유할 수 있는 유용한 도구이지만, 가짜뉴스가 빠르게 확산하는 데 일조하기도 합니다. 여러분은 메신저 서비스를 통해 전달받은 가짜뉴스를 진짜로 착각하고 친구나 가족에게 공유한 적이 있나요? 있다면 가짜뉴스의 내용은 무엇이었는지, 진실이라고 믿은 이유는 무엇이었는지 생각해 봅시다.

5 2016년 미국에서는 민주당 고위 인사들이 피자 가게를 이용해 아동 성매매 조직을 운영하고 있다는 가짜뉴스가 떠돌았습니다. 황당한 이야기였지만 이를 믿는 사람들은 적지 않았고 급기야 한 남성이 지목된 피자 가게를 찾아 총격을 가하는 일까지 벌어졌습니다. 가짜뉴스를 믿고 총격까지 벌일 정도로 가짜뉴스를 믿게 되는 이유가 무엇일까요? 곰곰이 생각해 봅시다.

6 사람이 명령어만 입력하면 텍스트와 이미지, 음성, 동영상까지 만들어 내는 생성형 인공지능이 발전하면서 누구나 쉽게 가짜뉴스를 만드는 것이 가능해졌습니다. 이전에는 가짜뉴스를 만들기 위해 사람이 스스로 글을 작성하고 적지 않은 시간을 들여 이미지와 동영상을 편집해야 했지만, 생성형 인공지능을 이용하면 누구나 쉽고 빠르게 가짜뉴스를 만들 수 있습니다. 이렇게 만들어진 가짜뉴스가 진짜 뉴스와 구분하기 어렵다는 점 또한 문제입니다. 인공지능이 가짜뉴스 제작과 확산에 쓰일 경우, 발생할 수 있는 여러 가지 문제점에 대해 생각해 봅시다.

3부

가짜뉴스가 위험한 이유

가짜뉴스는 단지 잘못된 정보가 사실로 알려지는 것 이상의 위협을 사회에 야기할 수 있습니다. 잘못된 정보는 사회를 혼란에 빠뜨리고 정부와 언론, 전문가 등 사회 제도에 대한 전반적인 불신을 조장하기 때문입니다. 또한 가짜뉴스는 특정 집단에 대한 부정적 편견이나 혐오를 부추겨 정치적 분열을 조장하고 차별과 폭력을 정당화하는 수단으로 이용되기도 합니다. 심한 경우에는 전쟁을 일으킬 수도 있습니다. 이와 함께, 사람들이 거짓 정보에 기반해 의사결정을 내릴 경우 공동체 전체의 문제에 대한 건강한 논의를 방해하며 문제 해결을 더욱 어렵게 합니다. 특히 선거 과정에서 가짜뉴스에 의한 사실 왜곡은 민주주의 자체를 위협합니다.

1

혐오와 차별 그리고 폭력 조장

특정 집단에 대한 부정적 편견과 혐오를 조장하는 내용의 가짜뉴스는 심각한 차별과 폭력을 야기할 수 있습니다. 한 사회 안에서 특정 민족이나 인종, 종교에 대한 부정확하고 편향된 정보가 확산되면 해당 집단에 대한 무분별한 혐오와 차별적 인식이 증가할 가능성이 커집니다. 이와 같이 가짜뉴스가 특정 집단에 대한 부정적 편견을 부추겨 인간의 기본적인 권리와 사회적 공존을 위협한 사례 몇 가지를 살펴보겠습니다.

부정적 편견과 혐오를 키운다

가짜뉴스가 편견과 혐오를 조장한 사례는 우리나라에서도 발견됩니다. 2019년 서울 종로구에서

— 청원진행중 —

제주도 불법 난민 신청 문제에 따른 난민법, 무사증 입국, 난민신청허가 폐지/개헌 청원합니다.

참여인원 : [671,125명]

청원개요

2012년 난민법 제정으로 인해 외국인은 한달 무비자로 입국할 수 있으나 난민신청자는 심사기간에 걸리는 기간에 한하여 제한없이 체류할 수 없는 자격을 가지게 됩니다. 하지만 제주도의 경제, 관광활성화의 일환으로 한달 무비자 입국과 달리 난민신청은 아직 시기상조라 생각합니다.

청와대 국민청원 게시판에 올라온 예멘 난민 추방 청원

500여 명의 예멘 난민이 제주도에 입국한 사건을 계기로 '난민 입국 반대' 집회가 열렸습니다. 예멘은 국민 대다수가 이슬람을 믿는 나라입니다. 집회에서 참가자들은 난민과 무슬림에 대한 극단적인 혐오와 오해를 표출했습니다. 이 집회에서 한 남성은 "이슬람권 난민들은 자신을 받아준 유럽 국가에서 각종 협박과 폭행을 일삼고 있다. 유럽에서 발생한 범죄의 진실을 확인해 대한민국의 아이들을 지켜야 한다"고 발언했습니다. 이보다 앞선 2018년 청와대 국민청원 게시판에는 예멘 난민들을 살인과 강간을 저지르는 사람들로 묘사하며 그들을 추방하라는 청원이 다수 올라왔습니다. 그 중 한 청원은 20만명이 넘는 사람들의 동의를 받기도 했습니다.

이러한 난민 혐오의 배경에는 가짜뉴스가 자리잡고 있었습니다.

소셜미디어를 통해 확산된 '무슬림 남성에 의한 폭행'이라는 사진이 대표적인 거짓 정보였습니다. 이 사진 속 여성들은 가정폭력이나 경찰폭력의 피해자였음에도 불구하고 무슬림 남성에 의해 폭행을 당한 것으로 잘못 알려지며 무슬림에 대한 부정적 이미지가 더욱 짙어졌습니다. 사실 이 사진은 이미 독일·영국·프랑스·이탈리아·그리스·네덜란드 등 여러 나라에서 이민자에 대한 부정적 인식을 퍼뜨리기 위해 사용된 적이 있어 국제적 팩트체크 네트워크인 '옵저버(The Observers)'가 가짜뉴스임을 확인한 바 있습니다. 그럼에도 불구하고 한국에서 또 다시 무슬림 혐오를 부추기는 수단으로 악용된 것입니다.

한 온라인 커뮤니티에서 이슬람인들이 서울 한복판에서 집단성폭행을 모의했다는 글이 올라와 사람들을 불안하게 만든 사례도 있습니다. 하지만, 이 글에서 인용된 기사는 몇 년 전 미국인 남성이 해외 온라인 커뮤니티에 올린 '강간 모의'에 대한 것으로 우리나라에 입국한 예멘인과는 아무 관련이 없었습니다. 또, 예멘 난민과 관련된 기사에는 '스웨덴에서 난민으로 인해 성폭행이 14배 증가했다', '정부가 예맨 출신 난민 신청자에게 1인당 138만 원을 지급한다' 등 근거 없는 댓글이 달리기도 했습니다.

이처럼 가짜뉴스가 무슬림에 대한 부정적 편견을 더욱 심하게 하고 사람들을 불안하게 만드는 상황에서 일부 정치인들은 진실을 알리기 보다는 오히려 거짓 정보를 퍼뜨리는 데 앞장서면서 난민에 대한 적대적 시각을 부추기기도 했습니다. 한 국회의원은 "자국민의 생명과 안전이 위협받는다면 인도주의적 난민 정책이 무슨 의미가 있겠는가"라는 주장과 함께 난민 수용 반대 집회에 참가했습니다. 또 다른 정치인은 자신의 페이스북에 "서울대 공대에 유학 온 이슬람 학생들이 강의 도중 큰 소리로 기도를 해서 교수가 이를 말리자 해당 국가 대사관이 공식 항의했다"는 내용의 글을 게시했다가 서울대로부터 "그런 사건은 들어본 적 없고 대사관이 항의해온 적도 없다"는 반박을 받기도 했습니다.

한국보다 앞서 이민자 문제로 사회적 갈등을 겪어온 유럽에서는 가짜뉴스가 이민자에 대한 사회적 혐오와 차별을 부추기는 상황이 더욱 심각합니다. 2023년 9월, 이탈리아 최남단 람페두사섬에 수천 명의 이민자가 한꺼번에 도착하는 일이 있었습니다. 인구 6천 명의 작은 섬에 사흘 만에 8,500여 명의 이민자가 들어왔으니 큰 혼란이 발생한 것도 당연했습니다. 문제는 이러한 혼란을 틈타 SNS에 각종 가짜뉴스가 넘쳐났다는 것입니다. 가짜뉴스 중에는 람페두사섬에 도착한 이민자들과 경찰이 격렬하게 충돌하는 모습의 동영상도 포함되어 있었습니다. 이 동영상은 사건 발생 2년 전 이탈리아 중부 지역에서 촬영된 것으로 람페두사섬과는 전혀 관련이 없었습니다. 이후 영상은 삭제되었지만 이미 조회수 130만 회를 기록한 뒤였습니다.

가짜뉴스가 이민자 위기를 과장하고 이민자에 대한 부정적 이미지를 확산시키는 데 효과적이라는 것이 확인되면서 유럽의 여러 국가에서는 반(反)이민·극우 정당들이 가짜뉴스를 정치적으로 이용하

반이민 여론을 선동하기 위해 인공지능으로 생성한 이미지

는 사례가 빈번하게 발생하고 있습니다. 독일의 극우 정당이나 극우 성향의 이탈리아 정부는 가짜뉴스를 이용하거나 방치해 반이민 여론을 조성하고 있으며, 이들 나라에서는 인공지능을 활용해 만든 정치인 관련 딥페이크도 성행하고 있습니다.

독일의 경우 반이민을 표방하는 극우 정당 '독일을 위한 대안(AfD)'이 인공지능으로 만든 가짜 사진을 SNS에 올리면서 반이민 여론을 조성하고자 했습니다. 해당 사진 속 남성들은 화난 표정으로

"더 이상의 난민은 안된다"고 외치고 있습니다. 날조된 사진이 이민자에 대한 부정적 편견을 강화하고 불안을 선동하는 상황에 대해 AfD 관계자는 오히려 "이같은 사진을 만들어주는 신기술에 매우 고맙다"고 말했습니다. 독일에서 AfD의 지지율이 급상승하고 있다고 하니 가짜뉴스 확산은 사회적 갈등을 더욱 심화시키려는 의도를 가진 집단에 유리한 것으로 보입니다.

폭력과 대량학살의 원인

가짜뉴스는 사람들의 머릿속에 특정 집단에 대한 부정적 인식을 심는 것에 그치지 않고 그들에 대한 물리적 폭력과 학살을 정당화하는 논리로 활용되기도 합니다. 15세기 이탈리아 트렌트 지역의 시모니노(Simonino)와 관련된 가짜뉴스는 오랫동안 유대인 학살의 명분이 되었습니다. 사건이 시작된 것은 1475년 부활절이었습니다. 기독교 집안에서 태어난 시모니노라는 두 살 소년이 실종되었다가 유대인 가족의 집 안에 있는 지하실에서 시신이 발견됐습니다. 이 소식에 가톨릭 주교 베르나르디노 다 펠트레는 "유대인들이 기독교 아기를 죽이고 그들의 피를 마신다"고 주장했습니다. 끔찍한 소문은 빠르게 퍼져나갔고 유대인 공동체가 종교적 의식을 위해 아이를 살해했다는 주장으로 발전했습니다. 결국 요하네스 4세 힌더바흐 대주교는 도시 전체의 유대인에 대한 체포와 고문을 명령했습니다. 고문을 견디지 못해 거짓 자백

이탈리아 트렌트의 살바도리 광장에 있는 한 조각상에는 시모니노가 살해당하는 모습이 묘사되어 있다

을 한 유대인 15명은 유죄 판결을 받고 화형을 당했습니다.

시모니노와 관련된 가짜뉴스가 전해진 트렌트 주변의 다른 도시에서도 유대인 학살이 벌어졌습니다. 뒤늦게 상황의 심각성을 파악한 교황청이 근거 없는 소문과 살인을 중단시키기 위해 힌더바흐에게 특사를 보냈지만 힌더바흐는 면담을 거부하고 유대인이 기독교인을 살해해 제물로 바친다는 주장을 이어나갔습니다. 심지어 시모니노가 수많은 기적을 일으켰다면서 '성자'로 치켜올렸습니다.

역사학자들은 유대인이 아동을 살해해 피를 마신다는 거짓 주장이 반유대주의의 근간이 되었으며 그 영향이 오늘날에도 이어지고 있다고 평가합니다. 독일의 나치 정권은 유대인의 아동 살해와 관련된 가짜뉴스를 유대인 학살과 박해의 명분으로 활용했으며 이러한 주장은 오늘날 반유대주의 웹사이트에서 여전히 계속되고 있습니다. 이들에게 유대인은 아이들을 살해해 피를 마시는 지독한 혐오의 대상이며 시모니노는 추앙받아야 할 성인인 것입니다.

비슷한 사례 중에 우리나라와 직접 관련된 사건도 있습니다. 1923년 9월 1일 일본 도쿄-요코하마 지역을 강타한 간토대지진은 20세기에 일어난 가장 심각한 자연 재해 중 하나였습니다. 지진으로 인해 간토 지방의 내륙과 연안 등이 궤멸적인 피해를 입었고 10만여 명의 사상자가 발생했습니다. 대지진으로 인한 혼란 속에서 '조선인들이 폭동을 일으키고 우물에 독을 풀었다', '조선인이 불을 지르고 다닌다'는 소문이 퍼지기 시작했습니다. 소문의 진원지는 다름 아닌 일본 내무성이었습니다. 각 경찰서에 내려보낸 문서를 통해 '재난을 틈타 이득을 취하려는 무리가 있다. 조선인들이 방화, 폭탄 테러, 강도 등을 획책하고 있으니 주의하라'고 지시한 것입니다. 이러한 내용을 뒷받침할 만한 근거는 전혀 없었지만 지진 피해로 공황 상태에 빠져 있던 일본 국민은 조선인들이 자신들을 해칠 것으로 믿기 시작했습니다.

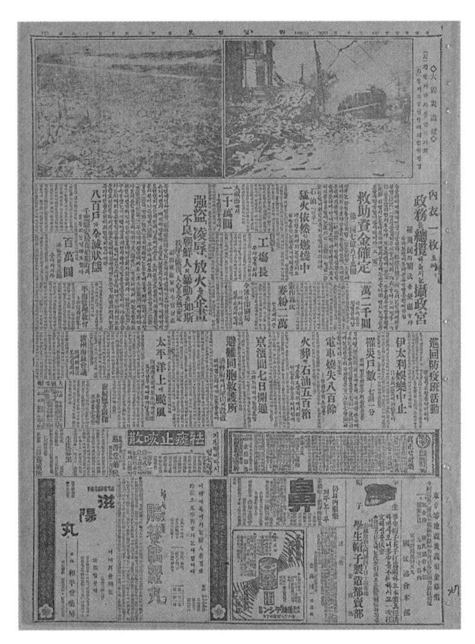

1923년 9월 10일 자 《매일신보》에는 '간토대지진 당시 조선인들이 폭동을 조장하고 있다'는 기사가 실렸다

두려움과 불안에 사

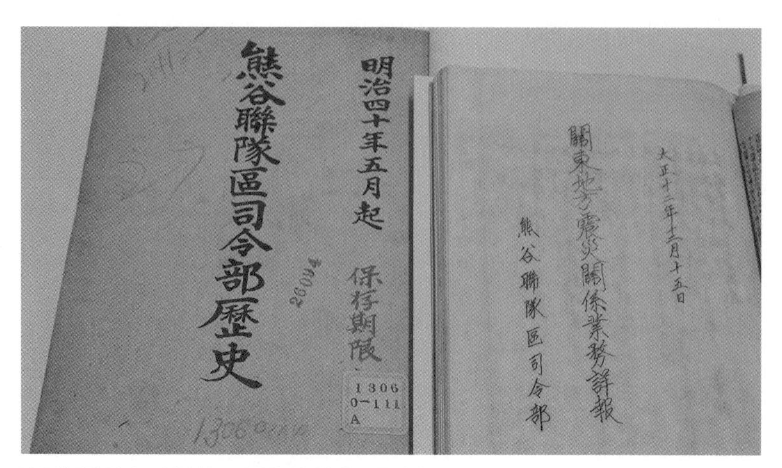

간토대지진 당시 조선인 학살 사실을 뒷받침하는 일본 공문서

로잡힌 일본인들은 곳곳에서 자경단을 조직해 조선인을 학살하기 시작했습니다. 조선식 복장을 한 사람들을 가차없이 살해하고 발음하기 어려운 일본어 단어를 제시해 발음이 어눌하면 조선인으로 간주해 죽였습니다. 무분별한 학살 속에서 조선인으로 오해받은 중국인과 일본인의 피해도 일부 발생했으며 불과 나흘 만에 수천 명의 조선인이 목숨을 잃었습니다. 일부 조선인들은 학살을 피해 경찰서로 피신했지만, 일본 경찰은 혼란 수습과 질서 회복이라는 명분 하에 학살을 묵인하거나 소극적으로 대응할 뿐이었습니다. 자경단의 만행이 공권력을 위협할 정도에 이르자 치안 당국이 개입했지만 이미 수많은 조선인들이 학살당한 뒤였습니다. 일본 정부는 조선인 폭동에 관한 소문이 모두 가짜였음을 확인했지만 학살에 가담한 자경단원 중 처벌을 받은 사람은 아무도 없었습니다.

방글라데시 난민캠프에서 식량 배급 차례를 기다리는 로힝야족

미얀마에서 발생한 로힝야족 학살 사건은 소셜미디어 환경에서 가짜뉴스의 파괴적인 영향력을 보여주는 또 다른 예입니다. 2012년부터 로힝야족을 추방하거나 격리하는 차별 조치를 이어가던 미얀마 정부는 2017년 군부와 로힝야족 간의 충돌을 빌미로 로힝야족에 대한 대규모 학살을 자행하기 시작했습니다. 이로 인해 수십만 명의 로힝야족이 목숨을 잃거나 국경을 넘어 피난길에 나서야 했습니다.

당시 페이스북에서 확산된 가짜뉴스는 로힝야족 학살을 정당화하는 데 큰 역할을 했습니다. 미얀마에서 페이스북은 뉴스 통로로서 독보적인 지위를 차지하고 있습니다. 2013년 200달러였던 심카드가 2달러로 떨어지고 누구나 쉽게 인터넷을 이용하게 되면서 페이스북 이용자도 폭증했습니다. 로힝야족에 대한 학살이 시작되자 페이스북은 로힝야족에 대한 허위정보와 증오를 선동하는 내용으로 넘쳐나기 시작했습니다. 해당 게시물들은 로힝야족을 테러리스트로 묘사하거나 개나 돼지 등에 비유하면서 이들에 대한 폭력을 정당화했습니다. 가짜뉴스가 주입한 증오에 오염된 국민들은 대량학살을 지지했고 일부는 직접 인종청소에 나서기도 했습니다. 1,000건이 넘는 혐오표현물과 가짜뉴스가 확산되는 동안 아무런 조치도 취하지 않은 페이스북은 2018년 유엔으로부터 로힝야족 탄압에 '결정적인 역할'을 했다는 비판을 받았습니다.

2

전쟁을 부르는 가짜뉴스

역사 속에서 가짜뉴스는 전쟁과 침략을 정당화하는 데 이용되기도 했습니다. 가짜뉴스가 특정 대상에 대한 부정적 이미지를 조작하고 집단 간 불신과 증오를 부추기는 데 매우 효과적이기 때문이죠. 전쟁을 원하는 세력은 가짜뉴스를 동원해 상대 국가에 대한 왜곡된 이미지를 만들고 대중의 공포와 적개심을 자극하고자 합니다. 상대에 대한 불신과 부정적 편견, 적대감이 팽배해진 상황에서는 거짓의 작은 불씨도 쉽게 무력 충돌로 이어집니다.

메인호 사건의 거짓말

1898년에 발생한 메인호 사건은 미국과 스페인 사이의 전쟁을 촉발하는 중요한 계기가 되었습니다.

메인호는 미국 해군의 전함으로 1898년 2월 15일 쿠바의 아바나 항에서 갑작스러운 폭발로 침몰해 미 해군 장병 260여 명이 사망했습니다. 당시 쿠바는 스페인의 식민지였고 쿠바 독립 운동이 활발히 일어나던 중이었습니다.

사건 발생 직후 미국의 일부 신문은 스페인이 메인호를 고의로 폭파시켰다고 주장하는 가짜뉴스를 보도하기 시작했습니다. 특히, 윌리엄 랜돌프 허스트가 소유한 《뉴욕 저널》과 조지프 퓰리처의 《뉴욕 월드》와 같은 신문들은 선정적이고 과장된 기사로 대중의 감정을 자극했습니다. 이러한 보도는 미국 내에서 스페인에 대한 적대감을 증폭시켰고 이는 결국 미국과 스페인 사이의 전쟁

863,956 WORLDS CIRCULATED YESTERDAY

The World.

863,956 WORLDS CIRCULATED YESTERDAY

"Circulation Books Open to All."

NEW YORK, THURSDAY, FEBRUARY 17, 1898.

MAINE EXPLOSION CAUSED BY BOMB OR TORPEDO?

Capt. Sigsbee and Consul-General Lee Are in Doubt---The World Has Sent a Special Tug, With Submarine Divers, to Havana to Find Out---Lee Asks for an Immediate Court of Inquiry---Capt. Sigsbee's Suspicions.

CA I. SIGSBEE, IN A SUPPRESSED DESPATCH TO THE STATE DEPARTMENT, SAYS THE ACCIDENT WAS MADE POSSIBLE BY AN ENEMY.

Dr. E. C. Pendleton, Just Arrived from Havana, Says He Overheard Talk There of a Plot to Blow Up the Ship---Capt Zalinski, the Dynamite Expert, and Other Experts Report to The World that the Wreck Was Not Accidental---Washington Officials Ready for Vigorous Action if Spanish Responsibility Can Be Shown---Divers to Be Sent Down to Make Careful Examinations.

1898년 2월 17일 자 《뉴욕 월드》 1면

으로 이어졌습니다.

《뉴욕 월드》와 《뉴욕 저널》은 메인호 폭발 이전에도 스페인의 만행을 주장하는 자극적인 기사들을 연일 쏟아냈습니다. 하지만 기사 대부분은 사실이 확인되지 않은 소문이었습니다. 사진이 없던 시절, 전쟁 관련 이미지를 그려 보내라는 허스트의 지시를 받고 쿠바에 도착한 삽화가 프레드릭 레밍턴이 "긴장이 완화돼 전쟁 같은 건 없다"고 전보를 보내자 허스트가 "당신은 그림을 공급하시오, 전쟁은 내가 공급하겠소"라고 답신했다는 일화는 유명합니다.

나중에 실시된 조사에서 메인호의 폭발 원인은 외부 공격이 아닌 함내의 폭발로 인한 것이라는 결론이 나왔습니다. 당시 신문들이 보도한 내용은 사실과 전혀 다른 가짜뉴스였다는 것이죠. 메인호 사건과 관련된 가짜뉴스는 '황색 언론'의 대표적인 예로 꼽히며, 언론이 여론을 왜곡해 국민들의 생명을 좌우하는 정치적 결정에 영향을 미칠 수 있는 강력한 수단임을 보여줍니다.

제2차 세계대전의 서막, 글라이비츠 조작

1939년 글라이비츠 사건은 독일 나치 정권이 정치적, 군사적 이익을 위해 가짜뉴스를 활용한 사례 중 하나입니다. 8월 31일 밤 폴란드군 6명이 글라이비츠에 있는 독일 라디오 방송국을 습격해 직원들을 포박하고 무단으로 방송을 송출했습니다. 폴란드어로 된 선언문은 "폴란드는 독일에 전쟁을 선포한다. 폴란드인이여, 단결하라"는 내용이었습니다. 몇 시간 뒤 나치의 선전장관인 괴벨스는 긴급 기자회견을 열고 폴란드군이 무단으로 국경을 넘어 방송국을 점거했지만 독일군이 모두 격퇴했다고 발표했습니다.

다음 날 아침 공개된 현장에서는 폴란드군의 시신 한 구가 발견되었습니다. 방송국 직원들은 무장한 폴란드군이 자신들을 포박하고 방송국을 장악했지만 용감한 독일군들이 그들을 물리쳤다고 증언했습니다. 이에 독일 총통이었던 아돌프 히틀러는 "어젯밤 폴란드가 공격을 가해왔다. 우리 군은 반격 작전을 실행 중이며 폴란드는 혹독한 대가를 치를 것이다"라고 발표합니다. 그리고 몇 시간 뒤, 독일이 폴란드를 침공하면서 인류 역사상 최대의 비극인 제2차 세계대전이 시작되었습니다.

사실 폴란드 군복을 입은 사람들은 나치 정권이 운영하는 준군사 조직 소속의 대원들이었습니다. 그리고 마치 독일군의 반격을 받아 사살된 것처럼 보이는 폴란드군은 강제수용소에 있던 사형수였습니다. 그는 독극물 주사를 맞고 거의 의식이 없는 상태로 방송국까지 끌려와서 도망치다 등에 총을 맞은 폴란드군처럼 꾸며졌습니다. 성공한 자작극의 실체가 드러난 것은 세계대전이 끝난 후 열린 전범재판에서입니다. 글라이비츠 사건의 조작을 현장에서 지휘한 알프레트 나우요크스 소령은 "우리는 폴란드의 공격을 증명할 수 있는 물적 증거가 필요했다"고 진술했습니다.

나치 정권은 글라이비츠 사건 이전부터 '폴란드 정부가 폴란드에 거주하는 독일인에 대한 학살을 묵인했다'는 거짓 주장을 확산시키면서 폴란드 침공의 구실을 만들어 왔습니다. 독일인 학살과 관련된 가짜뉴스 확산과 방송국 습격 사건의 조작은 모두 '히믈러 작전'의 일부였습니다. 작전을 고안한 하인리히 히믈러의 이름을 딴 이 작전의 목표는 사람들이 폴란드가 선제공격했다고 믿게 해 독일의 폴란드 침공 명분을 확보하는 것이었습니다.

이처럼 침략의 명분과 정당성을 확보하기 위해 상대가 선제공격을 한 것처럼 꾸미는 행위를 '가짜 깃발 작전'이라고 합니다. 1964년 베트남에서 가짜 깃발 작전의 또 다른 예를 찾을 수 있습니다.

통킹만의 가짜뉴스

1964년 8월 2일 북베트남 통킹만 해상에서 미국 해군의 구축함 매독스호가 북베트남의 어뢰정 세 척과 교전을 벌였습니다. '통킹만 사건'으로 불리는 이 교전으로 북베트남의 어뢰정 1척이 침몰하고 2척이 손상되었으며 4명의 사망자와 6명의 부상자가 발생했습니다. 반면, 미 해군은 구축함 1척과 항공기 1대에 경미한 피해를 입었을 뿐 사망자는 발생하지 않았습니다. 이날 사건에 대해 미국측은 북베트남의 어뢰정이 공격을 시작했다고 주장하고 북베트남은 매독스호의 선제공격이 있었다고 반박하는 등 양측의 주장은 엇갈렸습니다.

'FIGHT-IF-WE-MUST' RESOLUTION BACKED

4 U.S. B-57s Crash in S. Vietnam

PACIFIC STARS AND STRIPES

AIR EDITION

'통킹만 결의안'의 통과 소식을 알리는 신문 기사. 미군 구축함이 북베트남의 공격을 받았다는 허위 정보를 근거로 미 의회는 베트남에서의 전면적인 군사 행동을 결의했다. 수 년간 이어진 베트남 전쟁으로 베트남 민간인 200만 명, 남북 베트남 군인 130만 명, 미군 5만 8,000명이 희생당했다

이틀 뒤인 8월 4일 미국 국가안전보장회의는 통킹만에서 2차 공격을 당했다고 발표합니다. 매독스호와 또 다른 구축함 터너 조이호가 북베트남의 공격을 받았다는 것입니다. 하지만 이날 밤 실제로 북베트남의 공격이 있었다는 뚜렷한 근거가 없는 상황이었습니다. 그럼에도 불구하고 미국 대통령 린든 B. 존슨(Lyndon Baines Johnson)은 베트남에서의 즉각적인 군사 대응을 명령했고 미국 의회는 '통킹만 결의안'을 통과시켰습니다. 이 결의안은 미국이 베트남에서 군사 행동을 취할 수 있도록 대통령에게 광범위한 권한을 부여하는 내용이었습니다. 통킹만 충돌 이전까지 미국의 군사작전은 남베트남 지역에 한정되어 있었습니다. 그러나 이날 이후 베트남전에 전면적으로 개입하면서 폭격기를 동원해 북베트남 지역을 폭격하고 지상군을 투입했습니다.

당시 미국의 국방장관이었던 로버트 맥나마라(Robert Mcnamara)는 베트남전의 구체적 상황을 기록한 문서를 작성하고 1급 기밀로 분류했습니다. 일명 '펜타곤 문서'입니다. 통킹만 사건 발생 7년 후인 1971년, 대니얼 엘스버그(Daniel Ellsberg)의 제보로 무려 7,000장에 달하는 문서가 《뉴욕타임스》에 전달되면서 통킹만 사건과 관련된 미국의 거짓말이 세상에 드러났습니다. 통킹만 결의의 직접적인 배경이 된 2차 공격은 존재하지도 않았습니다. 엘스버그는 맥나마라의 지시로 펜타곤 문서 작성에 참여했던 인물입니다. 닉슨 정부는 펜타곤 문서의 공개가 국가 안보를 해치는 행위라며 후속 보도를 금지했지만 《뉴욕타임스》 등 신문의 보도로 문서의 내용이 세상에 공개됐습니다. 통킹만 사건은 미국 정부가 국민과 의회를 속이고 확전의 명분을 위해 정보를 조작하고 사실을 왜곡한 것이었죠.

이라크 전쟁과 대량살상무기 거짓말

칼 레빈(미국 민주당 상원 의원): 이라크는 2002년에 대규모 생화학무기를 갖고 있지 않았죠, 맞습니까?

데이빗 케이(전 미국 무기사찰단장): 그렇습니다.

2004년 1월 29일, 미국 상원 청문회에 출석한 데이빗 케이 전 미국 무기사찰단장은 이라크의 대량살상무기와 관련된 내용을 증언했습니다. 미국 정부가 이동식 생화학무기 발사대라고 주장했던 차량은 생화학무기와 관련이 없었고 우라늄 농축액이라던 알루미늄 튜브도 핵개발과는 무관하다고 밝혔습니다. 핵심은 2003년 미국의 이라크 침공 이전에 이라크에 대량살상무기는 없었다는 것입니다.

대량살상무기는 핵무기와 생화학 무기, 장거리 탄도 미사일 등 인간을 한꺼번에 다수 살상할 수 있는 무기를 일컫는 용어입니다.

이 같은 증언은 미국 정부의 기존 입장과는 전혀 다른 내용으로, 미국이 이라크 전쟁의 명분으로 내세웠던 이라크 내 대량살상무기의 존재가 근거 없는 주장에 불과했다는 것입니다. 2002년 미국 대통령 조지 W. 부시(George W. Bush)가 이라크를 이란·북한과 묶어 "악의 축"으로 규정한 뒤 부시 행정부 관계자들은 이라크 정권이 대량살상무기를 계속 제조해 비축하고 있다는 주장을 이어갑니다. 결국 그해 10월 미국 의회는 이라크에 대한 군사력 사용을 승인했습니다.

2003년 3월 20일 새벽 29만 5,000명의 미군과 연합군이 쿠웨이트 국경을 넘어 이라크를 침공했습니다. 개전 2개월 만에 이라크 정권을 무너뜨리고 사담 후세인 이라크 대통령을 체포한 미국은 이라크 전쟁의 종료를 선언했습니다. 하지만 종전 선포 이후에도 2011년 미군이 이라크에서 철수할 때까지 전쟁은 계속되었습니다. 약 9년 동안 이라크 전쟁으로 사망한 인원은 무려 46만1000명, 전쟁 비용 역시 3조 달러가 소요된 것으로 알려집니다.

전쟁의 명분이었던 대량살상무기는 끝내 발견되지 않았습니다. 미국의 국무장관 콜린 파월은 2003년 "이라크가 생화학 무기 생산을 위한 이동식 실험실을 갖고 있다"고 했지만 2004년에는 관련 증거가 "그렇게 확실하지 않은 것 같다"고 말을 바꿨습니다. 이라크에 대량살상무기가 있다는 주장은 이라크 출신 화학공학자와 정보장교 단 2명의 증언에 크게 의존한 것이었습니다. 그들은 대량살상무기 프로그램에 대해 직접적으로 알고 있다고 주장했습니다. 한 나라를 침공해 수십만 명의 목숨을 앗아간 전쟁의 명분이 되기에는 터무니없이 미약한 근거였습니다. 나중에 두 사람은 연합군이 이라크에서 후세인 정권을 축출하기를 바라는 마음에서 증거를 조작했다고 말했습니다. 그들의 바람은 이뤄졌지만, 가짜뉴스라는 불씨가 만들어 낸 화염은 이라크인들의 삶의 터전을 전쟁터로 만들어 버렸습니다.

나이라의 거짓 증언

2003년 이라크 전쟁이 대량살상무기에 대한 거짓말에서 비롯되었다면 1991년 걸프전 개입의 명분이 된 주요 사건은 쿠웨이트 소녀 나이라의 거짓 증언이었습니다. 애초 걸프전은 1990년 이라크가 쿠웨이트 지역을 침공하면서 시작되었습니다. 그런데 이라크군이 쿠웨이트의 병원에서 인큐베이터에 있던 수백 명의 신생아를 꺼내 죽게 하고 인큐베이터를 훔쳐갔다는 충격적인 주장이 나왔습니다. 쿠웨이트 정부 관계자의 증언이 있었고 《LA타임스》와 로이터통신이 관련 내용을 보도했지만 충격적인 내용은 그 근거가 충분치 않았습니다. 당시 상황을 묘사한 사진이나 현장 인터뷰가 전무했던 것입니다.

상황을 반전시킨 것은 1990년 10월 미국 의회에 등장한 15세의 쿠웨이트 소녀 나이라였습니다. 나이라는 쿠웨이트에서 방금 전 빠져나왔다며 자신이 자원봉사자로 있었던 알이다르 병원에서 목격

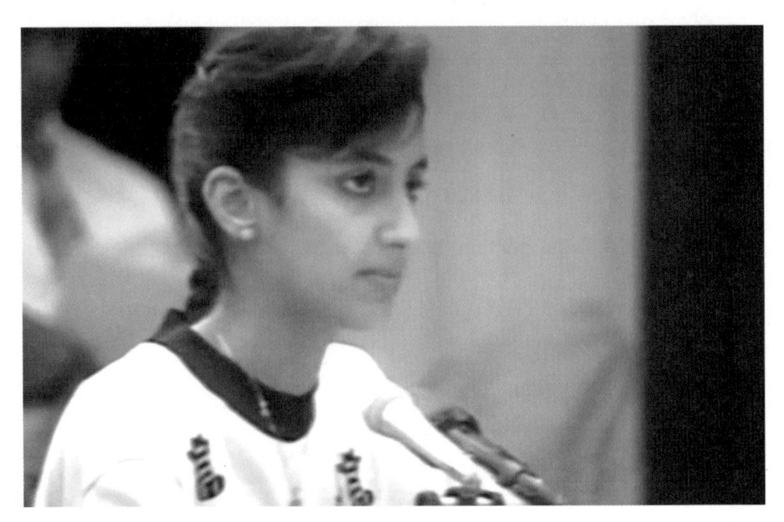

미국 의회에서 거짓 증언을 하는 나이라

한 참상을 전했습니다. 총을 든 이라크 군인들이 인큐베이터에서 갓난아기들을 꺼내 차가운 바닥에서 죽어가도록 내버려 두었다는 것입니다. 이라크인들에게 잡혀가 고문을 당한 그녀의 친구에 대한 이야기도 함께 전했습니다. 그녀의 친구는 수영장에 머리를 처박혀 익사 직전까지 갔고 손톱을 뽑고 전기충격을 가하는 고문까지 받았다고 했습니다.

나이라의 증언 이후 44일간 미국의 조지 H. W. 부시(George H. W. Bush) 대통령은 군사 개입의 정당성을 설파하는 데 해당 증언을 무려 8번이나 인용했습니다. 하지만 나이라의 증언은 완전히 조작된 내용이었습니다. 사실 나이라는 쿠웨이트 왕족이자 당시 미국 주재 쿠웨이트 대사 사우드 알사바의 딸인 나이라 알사바였습니다. 결정적으로 그녀는 이라크가 쿠웨이트를 침공한 시점에 쿠웨이트에 머무른 적이 없었습니다. 그녀의 증언은 국제사회의 개입을 이끌어내기 위해 쿠웨이트에 고용된 홍보회사 힐앤놀튼의 작품으로, 1992년 《뉴욕타임스》는 힐앤놀튼이 나이라의 의회 증언을 위해 사전 연습까지 시켰다고 폭로했습니다. 힐앤놀튼의 사장인 크레이크 풀러는 부시 대통령의 부통령 시절 비서실장이었습니다. 나이라의 증언은 미국의 전쟁 개입을 정당화하기 위해 완전히 날조된 거짓말을 이용한 최악의 여론 조작 사건으로 기록되고 있습니다.

3

사회적 갈등의 격화

지구상의 어느 나라든지 사회 내부에는 집단 사이에 뿌리 깊은 갈등이 존재합니다. 이러한 갈등은 인종과 종교, 계층, 지역, 정치적 이념 등 다양한 요인에 기반을 두고 있습니다. 가짜뉴스는 많은 경우 갈등을 증폭시켜 구성원을 분열시키고 사회적 연대와 공동체 의식을 약화시키는 도구로 이용됩니다. 특정 인종, 지역, 정치 집단에 대한 부정적인 편견을 강화할 수 있는 거짓말은 불신과 적대감을 조장하는 데 매우 효과적이기 때문입니다.

인종 갈등 부추기는 가짜뉴스

다양한 인종이 함께 살아가는 미국에서는 인종 갈등을 부추기는 가짜뉴스가 유포되어 인종 간 불신과 분열을 심화시키는 사례가 자주 발생합니다. 미국 전역에서 인종차별에 반발하는 시위가 한창이던 2020년 5월 29일, 한 유튜브 채널에 '조지 플로이드의 죽음은 조작되었다'는 내용의 동영상이 올라왔습니다.

플로이드는 나흘 전 경찰의 무리한 진압 과정에서 사망한 흑인 남성입니다. 위조지폐 사용 신고를 받고 출동한 경찰들은 연행 과정에서 바닥에 엎드린 플로이드의 목을 무릎으로 짓눌렀습니다. "저를 죽이지 마세요", "숨을 못 쉬겠어요!" 플로이드의 애원에도 경찰관들은 이를 묵살했고, 의식을 잃은 채 병원에 실려간 플로이드는 결국 사망하게 됩니다.

플로이드의 죽음은 '흑인의 생명도 소중하다' 운동의 도화선이 되었습니다. 사건 5일 만에 미국 전역의 75개 도시에서 시위가 일어났고 시위대와 경찰 사이에 격렬한 충돌이 벌어졌습니다. 경찰의 강경 진압에 대한 불만을 넘어 미국 사회에서 흑인들이 경험하는 뿌리 깊은 인종차별에 대한 분노가 한 순간에 터져 나온 것이죠.

시위가 격화되는 가운데, 한편에서는 플로이드와 관련된 가짜뉴스가 확산되기 시작했습니다. 《뉴욕타임스》에 따르면, 전 세계 TV 방송과 SNS에서 플로이드 시위와 관련된 언급 가운데 약 10분의 1은 가짜뉴스였습니다. 특히 미국의 극우 집단 '큐어넌(QAnon)' 등이 가짜뉴스를 적극적으로 퍼뜨린 것으로 확인됐습니다. 플로이드의 죽음이 조작되었다는 내용의 동영상은 큐어넌에 의해 공유되면서 약 130만 명에게 전파되었습니다. 트위터(현 X)에도 플로이드는 죽지 않았으며 그의 목을 짓누른 백인 경찰은 사실 배우라는 트윗이 수백 건 올라왔습니다. 모두 '딥 스테이트(Deep State)'에 의해 조작된 사건이라는 주장이었습니다. 딥 스테이트는 주로 큐어넌 등이 음모론에서 주장하는 것으로 미국 정부 내에서 비밀리에 활동하며 선출된 권력을 무력화하고 실제로 국가를 좌지우지하는 집단을 가리킵니다.

도널드 트럼프 미국 대통령도 가짜뉴스 전파에 동참했습니다. 시위의 배후에 '안티파(Antifa)'가 있다고 주장하기 시작한 것입니다. 안티파는 안티파시스트(Anti-facist)를 줄인 것으로 극좌파 집단을 의미합니다. 이같은 주장의 구체적인 근거를 대지 못하면서도 트럼프는 안티파를 테러리스트로 지정할 것이라고 경고했습니다.

Buffalo protester shoved by Police could be an ANTIFA provocateur. 75 year old Martin Gugino was pushed away after appearing to scan police communications in order to black out the equipment. @OANN I watched, he fell harder than was pushed. Was aiming scanner. Could be a set up?

8:34 AM · Jun 9, 2020 · Twitter for iPhone

트럼프는 시위 중 경찰에 밀려 넘어진 75세 노인에 대해 "밀린 것보다 더 세게 넘어졌다"고 근거 없는 음모론을 주장했다
ⓒ트럼프 X

플로이드가 살아있다는 가짜뉴스를 믿는 사람들은 플로이드 사망의 책임을 경찰에 전가하는 것은 부당하며 흑인들이 거짓에 바탕을 둔 시위를 벌이고 있다고 생각하게 됩니다. 하지만 "흑인의 생명도 소중하다" 운동에 참여한 사람들은 이러한 가짜뉴스가 인종차별 사건의 실체를 감추기 위한 시도라고 인식할 것이고 더욱 크게 분노할 것입니다. 이러한 과정을 거치며 플로이드 관련 가짜뉴스는 미국 사회의 뿌리 깊은 인종 갈등을 부추기며 심화시키는 결과로 이어집니다.

정치적 양극화의 심화

인종갈등이나 이민자 혐오와 관련된 가짜뉴스가 많은 미국이나 유럽과 달리 우리나라에서는 '수구꼴통', '빨갱이' 같은 극단적 정치성향과 관련된 내용이 가짜뉴스의 주된 소재가 됩니다.[15] 5·18 역사왜곡과 태블릿 PC 조작, 특정 집단의 북한 연계설, 북한 관련 오정보 등도 여기에 해당합니다. 이러한 유형의 가짜뉴스는 서로 다른 정치적 이념을 가진 집단을 공격하는 의도를 가지고 있기 때문에 이러한 정보에 노출된 시민들은 더욱 편향된 견해를 가질 가능성이 높습니다. 가짜뉴스는 주로 동질적인 집단에서 공유되는 경향이 있는데, 같은 견해를 가진 사람들끼리 정보를 공유하면 할수록 이들의 견해는 더욱 극단으로 치달을 수 있습니다. 이렇게 가짜뉴스의 확산은 정치적 갈등과 양극화를 더욱 심각하게 합니다.

박근혜 전 대통령의 탄핵 정국이었던 2016년 온라인에서 가짜뉴스의 양이 급격히 증가했습니다. 다음소프트의 분석에 따르면, 2014년 1,666건, 2015년 820건이었던 가짜뉴스 언급량은 2016년 1만 1,239건으로 크게 늘어났습니다. 특히 헌법재판소에서의 탄핵

심판 논의가 있었던 2017년 들어서는 겨우 2개월 만에 7만 7,257건의 가짜뉴스 게시물이 발견되었습니다. 이 시기에 유포된 대표적인 가짜뉴스 중 하나는 이정미 전 헌법재판소장 권한대행과 관련된 것입니다. 보수단체 회원들의 단체카톡방을 중심으로 이정미 권한대행의 남편이 통합진보당 내란음모 사건으로 복역 중이던 이석기 전 국회의원이라는 가짜뉴스가 확산되었습니다. 이정미 권한대행의 실제 남편은 숙명여대 신혁승 교수입니다. 해당 가짜뉴스는 이정미 권한대행과 통합진보당을 연관시킴으로써 헌재 판결의 정당성을 훼손하는 데 목표가 있었다고 할 수 있습니다.

이밖에도 탄핵 심판을 앞두고 주로 확산된 가짜뉴스로 '소설가 조정래가 박근혜 대통령을 지지한다', '평양에서 군사정변이 발생했다', '박근혜 대통령 탄핵 각하 요구 여론이 80%에 달한다', '태블릿 PC는 조작되었다' 등이 있었습니다. 이 중 '태블릿 PC 조작설'은 재판을 통해 거짓으로 밝혀진 사례입니다. 2016년 10월 24일, JTBC는 박근혜 전 대통령의 지인인 최순실 씨가 사용했던 태블릿 PC를 확보해 그 안에서 청와대 비서관이 최씨에게 건넨 청와대 기밀 문건 47건을 발견하고 그 내용을 보도했습니다. 최씨가 국정개입을 했다는 결정적 증거가 발견된 이후 태블릿 PC의 증거 능력을 훼손하기 위한 시도가 계속됐습니다. '태블릿 PC의 사용자는 최순실이 아니다', 'JTBC와 검찰이 파일을 PC에 심었다' 등의 가짜뉴스가 이에 해당합니다. 특히 2017년 10월 《월간조선》과 《조선일보》가 'JTBC가 무단으로 태블릿 안의 문서와 파일을 지우고 이메일까지 해킹했다'고 보도하면서 일부 국회의원들까지 이를 믿고 확산시키는 상황이 벌어졌습니다. 3년 6개월이 지난 후 《조선일보》는 "사실과 다른 기사로 JTBC의 명예를 훼손한 데 대하여 JTBC에게 깊은 유감의 뜻을 표한다"며 정정보도문을 실었습니다. 하지만 태블릿 PC 조작설은 주요 선거 때마다 소셜미디어와 유튜브에 등장하며 사회적 혼란을 가중시키고 정치적 양극화를 증폭시키는 도구로 활용되고 있습니다.

유튜브 채널은 정치적 양극화를 심화시키는 가짜뉴스의 주요 통로입니다. 2024년 1월 2일, 더불어민주당 이재명 대표는 부산을 방문했다가 살해 의도를 품고 접근한 남성의 습격을 받아 목 부위에 심각한 부상을 입었습니다. 범행에 사용된 흉기는 등산용 칼을 갈아 원래보다 훨씬 날카로운 양날 형태로 개조한 것이었습니다. 사건 직후 극우 유튜버들은 이재명 대표 피습 사건이 '총선 200석을 노린 자작극'이며 '이 대표를 찌른 것은 종이칼'이라는 음모론을 제기하기 시작했습니다.[16] 한 인터넷 언론에서는 '칼이 아니라 나무젓가락'이라는 의혹이 있다는 기사를 내보냈습니다.[17]

5·18 광주민주화운동에 관한 가짜뉴스는 중요한 정치적 시점마다 반복적으로 등장하는 문제입니다. 2024년 1월 2일, 허식 인천시의회 의장은 동료 시의원 40명에게 특정 언론사의 5·18 특별판을 배포했습니다. 이 간행물은 5·18 당시 북한군이 광주로 잠입해 계엄군으로 위장하고 시위 중인 학생과 시민들을 무자비하게 폭행하고 총격을 가했다는 등 5·18 광주민주화운동을

5·18 북한군 개입설을 주장하는 신문

왜곡하는 내용으로 가득 차 있었습니다. 과거 극우 인사들이 주장한 '5·18은 김대중 세력과 북한이 주도한 내란'이라는 내용도 빠지지 않았습니다. 이 언론사의 주장대로라면 5·18 광주민주화운동은 북한이 주도한 내란 세력과 계엄군 행세를 한 북한군이 충돌한 이상한 사건이 됩니다. 논란이 커지자 허식 의장은 처음에는 간행물 내용을 모른 채 배포했다고 해명했으나 이후에는 '북한군 개입설'을 주장하는 기사를 시의원들의 단체카톡방에 공유했습니다.

현재까지 알려진 바에 따르면, '5·18 북한군 개입설'의 원조는 1980년 5월 당시 국군보안사령관이자 중앙정보부장 서리였던 전두환으로 추정됩니다. 일본 외무성 문서에는 전두환이 1980년 5월 24일 신문사 편집국장들을 모아놓고 "김일성은 영리하게

2,000~3,000명의 비정규군에 의한 전쟁을 기획하고 있다"고 주장했던 것으로 기록돼 있습니다.[18]

그로부터 40여 년이 지난 지금까지도 5·18 광주민주화운동에 대한 왜곡과 날조는 계속되고 있습니다. 대표적인 극우 인사인 지만원 씨는 오랫동안 북한군 개입설을 고수하고 이를 전파하다 결국 실형을 확정받고 수감되었습니다. 그렇지만 '600명의 북한군 특수부대가 광주에 침투해 무장봉기를 일으켰다'는 가짜뉴스는 여전히 극우 유튜브 채널과 일부 언론을 통해 재생산되고 있습니다. 이러한 주장은 역사적 사건에 대한 평가라는 형태를 취하고 있지만 악의적인 목적을 가지고 유포된 허위정보라는 점에서 가짜뉴스로 분류됩니다. 이와 같은 가짜뉴스는 탄핵이나 선거 등 중요한 시점에 계속 등장하며 우리 사회의 정치적 양극화를 더욱 심화시키는 도구로 이용되고 있습니다.

4

선거판 뒤흔드는 가짜뉴스

영국의 유럽연합 탈퇴 국민투표(일명 브렉시트 Brexit, 영국을 뜻하는 Britain과 탈퇴를 의미하는 Exit의 합성)와 미국 대통령 선거가 있었던 2016년 이후 선거 기간 유포되는 가짜뉴스가 정치적 안정성을 위협하고 선거 결과를 왜곡할 수 있다는 우려가 커졌습니다. 특히 인공지능 기술이 발전하면서 이를 활용한 딥페이크의 본격적인 동원이 큰 문제가 되고 있습니다. 딥페이크는 유권자의 관심을 높이고 홍보 비용을 줄이는 측면도 있지만 기본적으로 사실이 아닌 정보이며, 정치 양극화와 혐오에 편승해 네거티브 확산 및 여론 조작으로 이어질 수 있습니다.

이러한 우려는 2024년 미국 대통령 선거에서 현실이 되었습니다. 공화당 후보 경선을 사흘 앞둔 시점, 뉴햄프셔주 유권자들은 조 바이든 미국 대통령으로부터 전화를 받았습니다. “예비선거에 투표하는 건 도널드 트럼프를 돕는 짓입니다. 11월 본선을 위해 당신의 표를 아끼세요" 녹음된 목소리는 바이든이 자주 쓰는 표현을 그대로 따라 했고 전화가 걸려온 번호는 민주당 뉴햄프셔주 전 의장의 연락처였습니다. 하지만 특정 정당의 경선에 투표한다고 해서 대선 본선에서 투표권이 사라지는 것은 아닙니다. 공화당 경선에 투표하려는 뉴햄프셔주 유권자들의 발을 붙잡을 뻔한 이 음성은 딥페이크 기술을 활용해 인공지능이 만들어낸 거짓음성이었습니다. 이 음성메시지는 최대 2만 5,000명에게 유포된 것으로 알려졌습니다.

2024년 미국 대통령 선거의 주요 후보인 바이든 대통령과 트럼프 전 대통령을 겨냥한 딥페이크가 특히 자주 유포되었습니다. 트럼프 전 대통령이 경찰에 연행되는 이미지나 바이든 대통령이 백악관에서 성소수자를 혐오하는 연설을 하는 영상 등이 대표적입니다. 선거일이 가까워질수록 그리고 후보 간 지지율이 크지 않을수록 딥페이크의 영향력은 강해질 것이며 이는 유권자를 혼

2023년 3월 20일 영국의 언론인 엘리엇 히긴스가 이미지 생성 인공지능 '미드저니'를 이용해 만든 사진. 도널드 트럼프 전 미국 대통령은 자신이 경찰에 연행되는 가짜 사진을 소셜미디어에 게시했다
ⓒ엘리엇 히긴스 X

란에 빠뜨릴 수 있습니다. 인공지능의 대부로 불리는 제프리 힌튼(Geoffrey Hinton) 캐나다 토론토대 교수는 “생성형 인공지능 때문에 가짜 이미지와 텍스트가 너무 많다. 진실과 거짓을 구분하지 못할 수 있다는 점이 두렵다”고 했습니다.

2022년 있었던 튀르키예 대선과 슬로바키아 총선에서는 딥페이크 영상이 선거 결과에 결정적 영향을 미쳤다고 평가됩니다. 튀르키예에서는 투표 직전 ‘테러 집단이 야당 후보를 지지한다’는 딥페이크 영상이 퍼져 집권당을 유리하게 했습니다. 슬로바키아에서는 총선을 이틀 앞두고 로마족에게 돈을 주고 표를 구매하는 방식으로 선거를 이길 수 있다고 말하는 야당 대표의 목소리가 소셜미디어를 통해 퍼져 나갔습니다. 로마족은 ‘집시’를 뜻하는 유럽 내 공식용어입니다.

야당 대표는 녹음파일이 가짜라고 즉각 반박했고, 전문가들 사이에서도 해당 파일이 딥페이크 기술을 활용해 조작되었다는 의견이 지배적이었습니다. 하지만 투표일 48시간 이전부터 정치인과 언론 모두 침묵해야 하는 슬로바키아 선거 규정으로 인해 투표가 끝날 때까지 녹음파일이 조작됐다는 사실을 널리 알리기는 쉽지 않았습

Erdoğan plays deepfake video at election rally to show opposition linked to terrorist group

튀르키예 대통령 에르도안은 선거 유세 중 상대 후보가 테러 단체와 연계되어 있다는 내용의 딥페이크 영상을 틀었다
© Turkish Minute

니다. 선거 결과는 결국 집권당의 승리로 귀결되었습니다. 로마족에 대한 부정적 인식이 팽배한 슬로바키아에서 로마족에게 돈을 주고 선거를 이기겠다는 딥페이크 거짓 정보가 야당에 불리하게 작용한 것은 물론입니다.

영국에서도 2024년 총선을 앞두고 가짜뉴스 관련 사건이 발생했습니다. 2023년 10월 제1 야당인 노동당의 키어 스타머 대표가 직원에게 폭언하는 딥페이크 음성이 소셜미디어에 퍼진 것입니다. 영국 정부는 생성형 인공지능이 가짜뉴스의 규모나 설득력, 빈도를 높이는 데 활용될 수 있다고 보고 세계에서 처음으로 인공지능 안전 기관을 세우는 등 인공지능이 가져올 수 있는 위협에 대처하기 위해 적극적으로 나서고 있습니다.

이렇게 우려가 높아지는 반면, 일부 국가에서는 인공지능이 생성한 콘텐츠가 선거 광고에 활용되고 있습니다. 미국 공화당은 2023년 바이든 대통령이 재선을 공식화하자 그를 공격하기 위한 광고 한 편을 공개했습니다. 인공지능이 생성한 가상 장면 중에는 무장한 군인들이 샌프란시스코 도심을 순찰하거나 중국의 침공으로 대만의 랜드마크가 무너지는 장면, 미국의 재정 시스템 붕괴로 인한 은행 폐업과 불법 이민자들에 의한 남부 국경 점령 등 매우 부정적인 모습이 담겨 있었습니다. 바이든이 연임에 성공할 경우 일어나는 디스토피아를 묘사한 것입니다. 한국도 2022년 대통령 선거에서 'AI 윤석열', 'AI 이재명' 등 후보들의 딥페이크 영상이 선거 광고에 활용된 적이 있습니다.

2022년 대선 후보들이 앞다투어 활용한 딥페이크 영상

선거 상황에서 인공지능이 생성한 동영상과 음성, 사진 등은 유권자를 혼란에 빠뜨릴 수 있습니다. 딥페이크 관련 기술이 발전할수록 사람들은 인공지능이 생성한 가짜뉴스와 실제 뉴스를 구분하기가 어려워지기 때문입니다. 또한 인공지능 기술을 이용한 선거 광고와 악의적인 가짜뉴스 사이의 경계도 모호합니다. 정치인들이 유권자에게 비판받을 만한 행동을 하고도 인공지능이 만든 가짜뉴스라고 거짓말을 하는 상황도 얼마든지 생각할 수 있죠. 이러한 현상은 모든 것을 급속도로 확산시키는 소셜미디어로 인해 더욱 심각해질 것입니다.

인공지능을 활용해 대량 생산된 딥페이크 영상들이 소셜미디어를 통해 빠르게 유포되면 진실과 거짓이 뒤섞여 아무 것도 믿을 수 없는 혼란스러운 상황이 벌어질 것입니다. 이는 결국 사회 유지의 기초가 되는 신뢰의 붕괴로 이어져 민주주의의 정상적 작동을 위협하게 됩니다.

5

사회 혼란과 불신의 확산

사회 혼란의 야기

2023년 9월 프랑스에서는 의문의 동영상으로 인해 마약 문제가 심각하다는 인식이 단시간에 급속도로 퍼지며 혼란이 발생했습니다. 소셜미디어에 올라온 두 편의 동영상에는 프랑스 한 도시의 거리를 어색한 자세로 걷고 있는 남녀와 대중교통 안에서 꼼짝도 않고 앉아있는 두 남성이 등장했습니다. 여기에는 마약성 진통제인 펜타닐(Fentanyl) 복용자가 프랑스 루앙시를 중심으로 늘어나고 있다는 설명이 붙어 있었습니다. 하지만, 이들 영상은 실제 있었던 장면에 엉뚱한 설명을 덧붙인 가짜뉴스였습니다. 첫 번째 영상 속 남녀는 몸이 불편한 장애인이었고 두 번째 영상에 등장한 남성들은 술에 취한 사람들이었습니다. 영상의 진실은 밝혀졌지만 프랑스 도시에 '마약 좀비'

들이 돌아다닐지도 모른다는 생각에 깜짝 놀랐던 프랑스 사람들은 가슴을 쓸어내려야 했습니다.

이처럼 가짜뉴스는 사회적 혼란을 야기하는 강력한 도구가 될 수 있습니다. 건강과 관련된 가짜뉴스는 특히 위험합니다. 건강한 삶에 대한 관심이 커지면서 인터넷에서 건강 정보를 찾아보는 사람들은 늘어났지만 온라인에서 유통되는 정보 중에는 부정확하거나 과장된 정보, 전문가의 검증을 충분히 거치지 않은 정보가 많이 포함되어 있습니다. 과학적 위험성이 과장되거나 왜곡된 정보는 대중의 불안과 공포를 증폭시키며 공중보건과 안전에 심각한 영향을 미칠 수 있습니다. 미국에서 홍역 백신과 관련된 가짜뉴스가 떠돌면서 상당수가 예방 접종을 거부함에 따라 공중보건의 위기 상황이 닥친 사례는 과학적 사실을 왜곡한 가짜뉴스의 심각한 영향력을 잘 보여줍니다.

2000년대 초반까지 미국에서는 홍역이 사실상 퇴치된 것으로 간주되었습니다. 그러나 이후 몇 년 동안 각종 예방 백신에 대한 불신이 커지기 시작했습니다. 특히 홍역 백신이 자폐증을 유발한다는 근거 없는 주장이 인터넷과 소셜미디어를 통해 확산되었습니다. 논란의 발단은 1998년 발표된 앤드루 웨이크필드(Andrew Wakefield) 박사의 논문이었습니다. 그는 이 논문에서 홍역 예방 효과가 있는 MMR 백신이 자폐증을 유발한다고 주장했습니다. 이후 그의 연구 결과가 잘못된 것으로 밝혀지고 심지어 윤리적 문제까지 제기되면서 그는 2008년 의사 면허를 박탈당했습니다. 웨이크

필드 박사의 논문을 출판한 학술지 '랜싯(Lancet)'은 그의 논문을 철회했습니다.

홍역 백신과 자폐증의 인과관계가 여러 차례 반박되었음에도 불구하고 백신 기피 현상은 계속되었습니다. 많은 부모들이 자녀의 홍역 백신 접종을 기피하면서 미국 내 여러 지역에서 홍역 발병 사례가 급증했습니다. 2019년 뉴욕주에서는 수십 년 만에 가장 큰 홍역 발병 사태가 발생했습니다. 전 세계적으로도 홍역 발생 건수가 크게 증가해 23년 만에 최고치를 기록했습니다.

감염병 위기처럼 불확실한 상황에서는 온갖 소문과 음모론이 더욱 쉽게 힘을 얻습니다. 위기가 발생하면 대부분의 사람들은 불확실성을 해소하기 위해 자신이 처한 위기 상황을 설명할 수 있는 정보를 찾는데 가짜뉴스는 그럴 듯하게 설명을 제공합니다. 보건 위기가 가짜뉴스의 광범위한 확산 환경을 조성하는 것이죠.

전 세계적으로 코로나19가 유행하기 시작한 2020년 초 온라인에 유통된 관련 정보 2천여 건 가운데 단 9%만이 사실로 확인되었다는 연구결과가 있습니다.[19] 코로나19에 대한 공식적인 정보가 부족한 상황에서 가족과 친구끼리 주고받은 가짜뉴스 때문에 건강을 해치거나 목숨을 잃은 사례가 다수 발생했습니다. 고농도 알코올을 마시면 코로나19를 치료할 수 있다는 잘못된 정보로 인해 전 세계적으로 최소 800명이 사망하고 5,800명이 입원하는 일이 일어났습니다. 우리나라의 한 교회에서는 코로나19를 예방한다며 예배 참석자들 입에 소금물을 뿌려 100여 명의 코로나 감염자가 나온 사례도 있습니다. 이탈리아에서는 '술을 마시면 코로나19에 안 걸린다'는 가짜뉴스 때문에 당국이 이를 반박하는 보고서까지 냈습니다. 음주는 오히려 면역력을 떨어뜨려 바이러스에 취약한 상태로 만들 수 있는데도 이런 가짜뉴스는 기승을 부렸습니다.

코로나19 관련 가짜뉴스 중에는 백신이 자폐증이나 불임, 심지어 유전자 변형을 일으킨다는 등의 근거 없는 주장이 다수 포함돼 있었습니다. 아무런 과학적 근거가 없음에도 불구하고 미국에서는 많은 사람들이 이를 사실로 받아들이면서 백신 접종률을 크게 낮추게 됐습니다. 이는 집단 면역 형성을 지연시키고 팬데믹이 더욱 오래 지속되는 결과를 낳고 말았습니다. 이처럼 건강과 관련된 가짜뉴스는 잘못된 정보에 기반한 결정을 유도함으로써 사회적 혼란을 야기하고 사람들의 건강과 안전을 위협합니다.

과학적 사실의 불신

이와 같이 과학적 사실을 왜곡하는 가짜뉴스는 공중보건과 과학 공동체에 대한 신뢰를 크게 훼손하는 등 장기적으로 심각한 영향을 미칩니다. 이러한 가짜뉴스는 사람들이 거짓 정보를 믿을 수 있도록 정부 정책이나 과학적 연구 결과를 의도적으로 왜곡하는 전략을 사용합니다. '코로나 바이러스 확산은 시민들의 자유를 억압하고 전 세계를 통제하려는 국제 엘리트 집단의 음모다', '백신 판매량을 늘리려는 대형 제약사들이 코로

코로나19 백신 접종 반대 시위 장면. 한 여론조사에 따르면 미국인 가운데 28%는 빌 게이츠가 사람들의 몸에 마이크로칩을 심기 위해 코로나19 백신 접종을 이용하려 한다는 가짜뉴스를 믿는 것으로 나타났다. 공화당 지지자의 경우에는 무려 44%가 이 가짜뉴스를 믿었다 © BBC

나를 확산시켰다', '빌게이츠는 백신 접종을 통해 사람들 몸에 마이크로칩을 심고 감시하는 도구로 삼으려 한다' 등의 가짜뉴스는 하나 같이 보건당국과 의료 전문가, 과학자들이 제공하는 정보의 신빙성을 의심하게 만드는 내용을 포함하고 있습니다. 이는 과학적 사실에 기반한 정책 결정과 공중보건 조치에 대한 대중의 신뢰를 약화시켜 정책의 효과를 크게 떨어뜨립니다.

우리나라에서 퍼진 동물 구충제의 항암 효과를 주장한 가짜뉴스도 보건당국과 의료 전문가들의 권고를 무시하고 불신하게 만드는 결과를 불러 일으킨 사례입니다. 2019년 9월 4일, 해외 이슈를 다루는 한국의 유튜브 채널 '월드빌리지 매거진TV'에 '말기 암 환자 구충제로 극적 완치, 암세포 완전 관해(사실상 완치를 의미하는 의학용어), 암환자는 꼭 보세요'라는 제목의 영상이 올라왔습니다. 미국의 말기 암 환자 조 티펜스가 동물 구충제인 '펜벤다졸'을 복용해 암을 완치했다고 주장하는 내용이었습니다. 단기간에 무려 240만 명이 영상을 시청했고 암 환자들을 중심으로 펜벤다졸의 항암 효과를 믿는 사람들이 급속도로 늘었습니다. 이에 따라 펜벤다졸에 대한 수요가 급증했고 온라인에서는 펜벤다졸의 품절 현상과 해외 직구 요청이 증가했습니다. 동물 구충제를 실제로 복용하고 유튜브를 통해 그 후기를 올리는 암 환자들도 생겨났습니다. 그 중에는 폐암 4기 진단을 받은 개그맨 김철민 씨도 포함되었습니다.

구충제 공급량이 약을 구하려는 환자들의 수요를 따라가지 못하자 제약사가 원료를 통제한다거나 가격을 인상하기 위해 꼼수를 쓰고 있다는 또 다른 가짜뉴스도 파생됐습니다. 그 동안 제약사들이 값비싼 항암제를 판매하기 위해 동물 구충제의 항암 효과를 숨겨왔다는 음모론도 힘을 얻었습니다. 펜벤다졸의 항암 효능이 검증되지 않았으며 부작용 위험이 있다고 경고하는 전문가들에게는 거센 비난이 돌아왔고 동물 구충제 복용후기를 올리는 암 환자 유튜버들이 더욱 큰 신뢰를 받는 현상이 벌어졌습니다. 하지만 복용후기를 올리던 암 환자 중 그 누구도 완치되었다는 소식을 전하지 못했고, 2020년 9월 건강이 악화된 김철민 씨

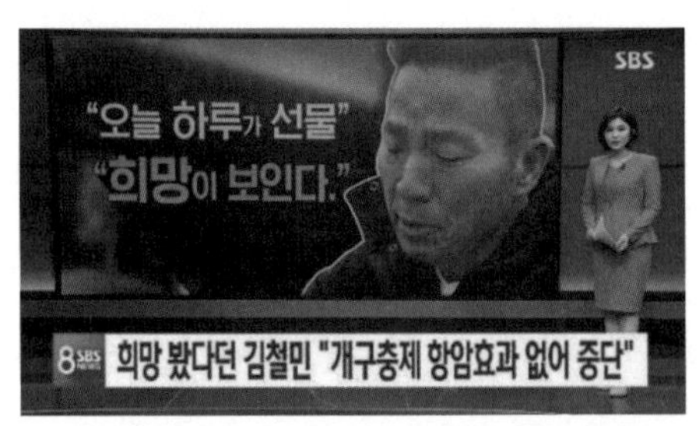

개그맨 김철민은 암 치료를 위해 동물 구충제를 복용했지만 결국 효과를 보지 못했다. 그는 암 환자들에게 동물 구충제 복용을 절대 권하지 않는다고 인터뷰했다 © SBS 8뉴스

가 구충제 복용을 시작한지 8개월만에 중단했다는 사실을 공개하면서 동물 구충제의 항암 효과에 대한 가짜뉴스도 힘을 잃기 시작했습니다.

기후위기를 부정하는 가짜뉴스 역시 과학에 대한 신뢰를 저하시키고 기후 위기에 대한 긴급한 대응을 지연시키는 데 적지 않은 역할을 해왔습니다. 2024년 1월, 영국의 비영리 소셜미디어 연구단체인 디지털증오대응센터는 기후위기 부정론을 전파하는 유튜브 채널에 올라온 최근 6년간의 동영상 1만2천여 건을 분석해 발표했습니다. 분석 결과, 2018년까지는 기후변화 사실 자체를 부정하는 내용이 전체의 65%를 차지했습니다. '극지방의 빙하가 녹지 않았다', '해수면 상승은 과장되었다', '만년설이 사라지지 않았다', '날씨가 춥다', '오히려 빙하기 또는 냉각기에 접어들고 있다' 등의 내용입니다.

기후변화를 부정하기 어려워지자 이들의 거짓말은 교묘하게 변하기 시작했습니다. 특히 2021년 유엔 기후변화협약 당사국총회를 계기로 기후위기에 대한 경각심이 높아지자 소셜미디어상의 가짜뉴스도 늘어났습니다. 당시 유행한 기후위기 부정론은 '인간 활동에 의한' 기후변화를 부정하는 것입니다. 수십 년간 지구 평균 기온이 상승한 것은 맞지만 그 원인은 단지 자연계 변동 때문이라는 것입니다. 이들은 10억년 주기로 변하는 지구 공전 궤도나 4만여 년 주기로 변하는 자전축의 기울기, 2만 년 주기로 바뀌는 자전축 방향을 기후변화의 원인으로 꼽습니다. 최소 수만 년의 주기 운동이 수십 년간 급격히 오른 지구 온도의 근거가 된다는 주장은 매우 설

BBC는 기후위기를 부정하는 가짜뉴스에 맞서 기후 변화가 실제로 일어나고 있음을 알리는 틱톡 동영상을 제작, 게시했다
© BBC

득력이 부족합니다.

2023년 전 세계적으로 역대 최고 수준의 이상고온 피해를 겪으면서 기후위기 부정론자들은 새로운 거짓말을 만들지 않을 수 없게 됐습니다. 디지털증오대응센터가 분석한 기후위기 부정론 동영상 중 기후변화 자체를 인정하지 않는 영상은 크게 줄고, 기후위기 해결책을 신뢰할 수 없다는 내용이 크게 늘어 2023년에는 70%를 차지하는 것으로 나타났습니다. 이는 기후변화 자체가 없다던 과거의 주장이 허위임을 자인하는 것입니다. 그러나 기후위기 부정론자들은 이에 대응하기 위해 새로운 가짜뉴스를 만들어 내고 있습니다. '기후변화를 막을 희망도 대응책도 없다'고 말이죠. '기후변화 대응은 효과가 없거나 오히려 지구에 해롭다', '기후 과학은 신뢰할 수 없거나 불확실하다', '환경단체들은 신뢰할 수 없거나 부패했다', '청정 에너지 기술과 바이오 연료는 효과가 없다', '탄소는 환경에 무해하거나 심지어 유익하다' 등 그들의 새로운 주장은 하나같

이 기후위기 해결책과 과학에 대한 신뢰를 훼손하는 데 주된 목적을 두고 있습니다.

기후위기를 부정하는 가짜뉴스의 확산은 실제로 위기에 대응하기 위한 공공의 인식과 정책 결정에 영향을 미칩니다. 미국에서 일부 정치인과 언론은 가짜뉴스를 근거로 기후위기에 대응하는 노력을 불필요하거나 경제에 해로운 것으로 묘사하며 환경 보호 정책의 시행을 지연시키거나 방해했습니다. 도널드 트럼프 전 미국 대통령은 '기후변화는 없다'고 대놓고 부정하는 대표적 정치인입니다. 그는 기후변화를 '사기'라고 주장하며 미국의 경제적 이익을 해치기 위한 중국 등 경쟁국들의 전략이라고 비난했습니다. 트럼프 대통령은 2020년 11월 파리기후협약에서 미국을 공식 탈퇴시켰으며 이 협약이 미국 경제에 불리하다고 주장했습니다. 미국의 이러한 결정이 전 세계적인 기후변화 대응 노력에 부정적 영향을 미친 것은 물론이죠.

또한 트럼프 행정부는 환경 보호를 위한 여러 규제를 철폐하거나 완화했습니다. 석탄 발전소의 탄소 배출 기준을 완화하고 자동차 연비 기준을 낮추는 조치를 취했으며 이는 주로 화석 연료 산업에 유리하게 작용했습니다. 이러한 정책은 기후변화의 심각성에 대한 대중의 인식을 왜곡하고 환경 보호와 지속 가능한 발전을 추구하는 이들에게는 힘든 장애물이 되었습니다. 이처럼 가짜뉴스는 과학적 사실에 기반한 정책 결정과 공공의식을 약화시키며 장기적으로는 지구의 생태계와 인류의 미래에 심각한 영향을 미칠 수 있습니다.

언론을 믿지 못하다

가짜뉴스 현상은 결과적으로 진짜와 가짜의 경계를 흐리게 함으로써 진실된 뉴스에 대한 불신으로까지 이어질 수 있습니다. '내가 보고 들은 것 중에 무엇을 믿어야 할까?' 사람들은 어떤 정보를 신뢰해야 하는지 헷갈리게 됩니다. 딥페이크와 생성형 인공지능의 발달은 뉴스의 진위를 판단하기 어렵게 만들어 이렇게 혼란스러운 상태를 더욱 심각하게 합니다. 정보 환경이라는 우물이 오염되었다는 인식이 생기면 그 안에 있는 진실까지도 외면당하기 마련이죠. 이는 언론 전반에 대한 신뢰를 크게 하락시킬 수 있습니다.

학자들은 가짜뉴스를 자주 접하는 사람들의 심리가 어떻게 변하는지 연구했습니다. 2023년 발표된 한 연구결과는 가짜뉴스와 언론 불신 사이에 높은 관련성이 있다는 것을 보여줍니다.[20] 4개월의 간격을 두고 두 번의 설문조사를 실시한 결과, 가짜뉴스에 자주 노출될수록 언론 신뢰도가 낮아지는 현상이 발견된 것입니다. 또 다른 연구는 가짜뉴스가 사람들의 현실 인식을 혼란스럽게 한다는 점을 보여줍니다.[21] 가짜뉴스에 많이 노출된 사람들은 그 가짜뉴스가 다룬 정치적 사안을 정확하게 판단할 가능성이 낮은 것으로 나타난 것이죠. 이러한 연구결과는 가짜뉴스가 언론 불신을 조장하는 동시에 사회 현실을 올바르게 이해할 수 있는 힘마저 약화시킨다는 것을 의미합니다.

이제 '가짜뉴스'는 자신과 생각이 다른 집단을 공격하는 무기로도 활용됩니다. 미국 트럼프 전 대통령이 주요 언론사들을 가짜뉴스의 생산자로 지목하며 공개적으로 비판하는 사례가 이를 잘 보여줍니다. 트럼프 전 대통령은 재임 기간 내내 CNN과 《뉴욕타임스》, 《워싱턴포스트》 등 주요 언론사를 비난했습니다. 2019년 9월 2일에는 자신의 트위터(현 X)에 "변변치 못한 미디어들이 완전히 미쳤다"는 글을 썼습니다. '주류 언론(mainstream media)'이라는 단어를 '변변치 못한 미디어(lame stream media)'라고 바꿔 이들 언론을 조롱한 것입니다. "자신이 원하는 건 뭐든 쓰면서 출처도 거의 없고 팩트체크도 하지 않으면서 '(나를) 죽이는 것'에만 혈안이 됐다"고도 했습니다. 이러한 공격은 언론에 대한 신뢰를 크게 약화시켰습니다. 미국에서 공화당원들의 언론 신뢰도는 2016년 70%에서 2021년 35%로 급격히 하락했습니다.

2022년 암스테르담 대학 연구팀은 프랑스, 독일 등 유럽 10개국에서 6,600여 명의 사람들을 설문조사한 결과, 언론이 가짜뉴스의

Confusing Effects of Fake News on Clarity of Political Information in the Social Media Environment

Jihyang Choi[a] and Jae Kook Lee[b]

[a]Division of Communication and Media, Ewha Womans University, Seoul, Korea; [b]Department of Media & Communication, Sungkyunkwan University, Seoul, Korea

ABSTRACT
This study investigated whether exposure to fake news leads to more confusion about public affairs and how SNS news use and characteristics of SNSs – network size, political heterogeneity and political expertise of networks – are associated with exposure to fake news and the confusion about political reality. For that, we theorized confusion as the composite of strengthening of misperception and weakening of right perception. Findings show that those exposed to fake news are more likely to be confused about the information in fake news. Regarding SNS factors, news use on SNSs increases exposure to fake news. Network size and political network heterogeneity indirectly affect people's confusion via exposure to fake news. In contrast, network political expertise was found to limit confusion directly, as well as indirectly by reducing likelihood of exposure to fake news. Implications of this study are discussed regarding the functioning of democracy.

KEYWORDS
Fake news; SNS (Social Networking Service); confusion; network; political expertise on networks; disinformation

2022년 Jounalism Practice에 출판된 저자의 논문. 연구팀은 가짜뉴스에 많이 노출된 사람들이 가짜뉴스에 등장한 정치적 사안을 정확하게 판단할 가능성이 낮다는 사실을 발견했다

출처라는 인식이 강할수록 뉴스 기관이나 언론인에 대한 신뢰도가 낮다는 사실을 발견했습니다. 또한 이런 인식이 강한 사람일수록 소셜미디어, 친구나 가족, 유튜브 등을 정치 뉴스 정보원으로 삼는 것으로 나타났습니다.[22] 만약 트럼프 전 대통령 같은 정치인들이 언론을 가짜뉴스 생산자라고 비난하는 현상이 계속되면 사람들은 언론을 가짜뉴스의 출처로 인식하게 되고 결과적으로 언론에 대한 전반적인 신뢰도 훼손되고 말 것입니다. 또, 신문과 방송보다는 소셜미디어나 유튜브 환경에서 뉴스를 구하려고 하는 안타까운 상황이 더욱 심해질 것입니다. 소셜미디어나 유튜브는 오히려 가짜뉴스에 노출되기 쉬운 환경인데도 말입니다.

우리나라에서도 '가짜뉴스'라는 용어는 상대방의 목소리를 부정하고 자신의 주장에 정당성을 부여하는 전략으로 활용됩니다. 2023년에는 국민의힘이 더불어민주당을 "가짜뉴스의 총본산"이라고 비난하며 '가짜뉴스 편파방송 제보'를 받겠다고 나서자, 민주당 역시 언론 환경이 자신들에게 불리하다고 주장하며 '허위조작 가짜뉴스 방송 제보'를 위한 카카오톡 채널을 개설했습니다. 이에 앞서 2018년에는 자유한국당(국민의힘의 전신)과 더불어민주당이 각각 설립한 '가짜뉴스 신고센터'의 신고 내용을 바탕으로 선거 관련 심의 기구에 민원을 제기했습니다.

이와 같이 선거를 앞두고 정당이 가짜뉴스 대응의 필요성을 강조하면서 자신들에게 불리한 보도를 가짜뉴스로 몰아가는 경우가 늘어나고 있습니다. 실제로 방송통신심의위원회에 제출된 정당의 심

2023년 더불어민주당과 국민의힘이 개설한 가짜뉴스 신고 채널

의 민원은 최근 3년간 크게 증가했으나, 20대 대선 당시 인터넷선거보도심의위원회에서 심의한 보도 중 약 7분의 1은 '위반 없음'으로 결정되었습니다. 이는 후보자나 정당이 자신들에게 불리한 보도를 심의에 올리기 위해 과도한 시도를 하는 것은 아닌지 의문이 제기되는 부분입니다.

꼭꼭 짚어 생각 정리하기

1 한 사회 안에서 특정 집단에 대한 부정확하고 편향된 정보를 담고 있는 가짜뉴스가 퍼지면 그 집단에 대한 혐오나 차별의식이 강화될 수 있습니다. 심각한 경우 가짜뉴스는 사람들의 머릿속에 특정 집단에 대한 부정적 인식을 심는 것에 그치지 않고 물리적 폭력이나 학살을 정당화하는 논리로 활용되기도 합니다. 만약 여러분이 속한 집단이 혐오와 차별의 대상이 되었다고 가정해 보고, 그러한 혐오와 차별의식을 강화하는 가짜뉴스가 확산했을 때 있을 수 있는 위험성에 관해 얘기해 봅시다.

2 1898년 미국-스페인 전쟁, 1939년 독일의 폴란드 침공, 1964년 베트남 전쟁, 2003년 이라크 전쟁 등 주요 전쟁의 배경에는 가짜뉴스를 이용한 여론 조작이 있었습니다. 특히 독일 나치 정권은 폴란드 공격에 앞서 철저히 계획을 세워 글라이비츠 방송국 습격 사건을 조작했습니다. 이처럼 가짜뉴스가 전쟁에 종종 활용되는 이유가 무엇일까요? 전쟁과 가짜뉴스의 관계에 대해 생각해 봅시다.

3 우리나라에서는 이념이나 정치적 성향과 관련된 내용이 가짜뉴스의 주된 소재가 되어 왔습니다. 5 · 18 역사왜곡과 태블릿 PC 조작, 특정 집단의 북한 연계설, 북한 관련 오정보 등이 여기에 해당합니다. 이들 가짜뉴스는 선거와 같이 중요한 정치 일정마다 반복적으로 유행하는 경향이 있습니다. 가짜뉴스를 활용해 이념이나 정치적 성향이 다른 집단을 공격할 때 발생할 수 있는 사회적 문제는 무엇일까요? 우리 사회의 민주주의와 관련해서 생각해 봅시다.

4 전 세계가 지구온난화로 인한 해수면 상승, 극단적인 기상 현상, 생태계 변화와 식량 생산 장애 등 심각한 기후 위기를 우려하고 있지만, 한편에서는 기후 위기를 부정하는 가짜뉴스 역시 끊임없이 생산되고 있습니다. 기후 위기 부정론자들은 기후변화 사실 자체를 부정하거나 기후변화의 원인을 왜곡하는 방식으로 과학적 사실을 부정하는데요, 기후 위기를 부정하는 가짜뉴스의 확산이 위험한 이유는 무엇일까요? 기후 위기 부정론자들이 힘을 얻고 있는 미국에서 발생한 현상들을 중심으로 생각해 봅시다.

4부

가짜뉴스 문제의 대책

지금까지 살펴본 대로 가짜뉴스는 우리 사회에 심각한 해악을 끼치며 커다란 위협으로 작용합니다. 이에 따라 우리나라를 비롯해 세계 곳곳에서 가짜뉴스 문제를 해결하기 위한 대책을 마련하고자 노력하고 있습니다. 이러한 대책은 정부 차원의 규제와 언론 및 플랫폼업체 등 민간 기업의 자율적 노력과 함께 일반 시민의 교육 및 활동 등으로 여러 방면에서 이루어집니다. 이번 마지막 장에서는 가짜뉴스에 대한 대책으로 어떤 것이 있는지 자세히 알아보도록 하겠습니다.

1

정부 정책 및 규제

세계 각국의 대응

유럽연합은 2018년 '허위정보 대응 실천강령'을 도입하여 사업자들의 자율적 규제를 권고했으며 2023년 8월부터는 안전한 온라인 환경 조성을 목표로 하는 디지털 서비스법을 제정했습니다. 이 법은 특히 X가 이스라엘과 팔레스타인 간의 전쟁 관련 허위정보를 방치하는 등 소셜미디어의 문제가 심각해지면서 이들에 대한 규제의 방편으로 마련된 측면이 있습니다. 이 법은 X와 함께 구글, 메타, 애플, 아마존 등 유럽연합 권역 안에서 4,500만 명 이상의 이용자를 보유한 19개 대형 온라인 플랫폼에 엄격한 의무사항 준수를 요구합니다. 예를 들어 이들 플랫폼은 불법 콘텐츠를 방지하고 제거해야 하며 이용자가 이러한 콘텐츠를 발견할 경우 신고할 수 있는 수단을 제공해야 합니다. 위반 시 매출액의 6%에 해당하는 과징금이 부과될 수 있으며 반복적으로 위반할 경우 유럽 시장에서 퇴출도 가능합니다.

유럽의 일부 국가는 가짜뉴스에 대응하는 법을 자체적으로 제정하기도 했습니다. 프랑스는 2018년 '정보조작방지법'을 통해 선거 전 3개월 동안 법원이 온라인 플랫폼에 허위정보 게시를 금지할 수 있도록 했습니다. 가짜뉴스를 이용해 선거 결과에 영향을 미치려는 시도를 막으려는 것이죠. 이 법은 공공의 안녕이나 선거의 공정성을 해치는 가짜뉴스에 대해 48시간 이내에 게시 중단 명령을 내릴 수 있는 약식 절차를 도입했습니다. 독립적인 기관들도 팩트체크 활동을 통해 자율적인 규제에 나서고 있습니다. 2017년 총선을 앞두고 프랑스의 16개 언론사는 구글과 협력하여 '크로스체크'라는 팩트체크 기관을 설립했습니다. 이 기관에 신고가 들어온 사안에 대해 2개 이상의 언론사 기자가 참여해 사실관계를 따지고 가짜뉴스로 판정되면 '허위정보'라는 표지를 붙이게 됩니다.

독일은 2018년부터 '네트워크집행법'을 제정해 소셜미디어를 이용한 가짜뉴스와 음모론의 확산을 제재하고 있습니다. 이 법은 가짜뉴스와 혐오발언, 모욕, 아동 포르노, 나치 옹호 등 독일 형법상 금지된 콘텐츠를 삭제하지 않은 소셜미디어 업체에 최대 5,000만 유로(약 600억 원)의 벌금을 부과합니다. 가짜뉴스 대응에 있어 대형 온라인 플랫폼의 책임을 묻는 것이죠. 법안 논의 당시 독일 법무부 장관 헤이코 마스는 "불법적인 콘텐츠 삭제를 위해 소셜네트워크가 필요한 조치를 다하고 있지 않다"고 비판한 바 있습니다.

미국은 거짓 정보에 대한 법적 규제보다는 인터넷 서비스 사업자와 사실검증 서비스를 제공하는 비영리 기관이 자율적으로 규제하는 경향이 강합니다. 하지만 주요 선거를 앞두고 인공지능이 생성한 딥페이크 이미지와 동영상으로 인한 피해가 우려됨에 따라 결국 인공지능 생성 콘텐츠에 대한 규제 방안을 마련했습니다. 바이든 대통령이 2023년 10월 인공지능 개발을 규제하는 행정명령에 서명하면서 인공지능이 생성한 콘텐츠 식별에 필요한 워터마크 적용을 의무화하도록 한 것이죠. 이는 미국이 인공지능과 관련한 법적 규제 장치를 마련한 최초의 사례입니다. 이에 따라 인공지능 관련 업체들은 인공지능 시스템과 서비스를 개시하기 이전에 상무부 산하 국립표준기술연구소의 안전성 평가를 의

2023년 10월 30일, 조 바이든 미국 대통령은 인공지능이 생성한 콘텐츠에 워터마크 삽입을 의무화하는 등 인공지능의 질서 있는 개발과 부작용 방지를 위한 행정명령에 서명했다 © UPI 연합뉴스

무적으로 거치게 됐습니다.

한국에서는 대통령 직속기관인 방송통신위원회(방통위)가 가짜뉴스 대응을 주도하고 있습니다. 2023년 방통위는 가짜뉴스를 신속하게 처리하기 위해 방송통신심의위원회에 특별 신고 창구를 설치하고, 신고된 내용을 빠르게 심사하고 처리하는 '패스트트랙' 제도를 도입했습니다. 또한 KBS, MBC, JTBC 등 주요 방송사업자들의 팩트체크 시스템을 점검하고 규정을 위반할 경우 적절한 조치를 취할 계획입니다. 방송사업자의 재허가 및 재승인 심사를 더 엄격하게 하기 위해 심사 기준을 강화하고 허가 및 승인 기간을 5년에서 7년으로 늘리는 방안을 추진하고 있습니다. 하지만 심각한 위반 사례가 발생할 경우 현재 최소 3년인 허가 기간을 줄이는 등 강력한 제재 방안도 고려하고 있습니다.

표현의 자유 문제

가짜뉴스 규제는 민주주의 사회에서 매우 어려운 문제입니다. 특히 국가가 가짜뉴스를 판별하고 규제하는 것은 사전 검열과 표현의 자유 침해라는 위험을 내포합니다. 가짜뉴스를 규제하려는 시도는 종종 정부나 권력자들에 의해 악용될 수 있으며 이들은 자신들에게 불리한 정보를 가짜뉴스로 규정하고 억제하려는 경향이 있습니다. 이러한 규제는 결국 표현의 자유를 억압하고 중요한 정보가 일반대중에 전달되는 것을 방해할 수 있습니다.

독재 정권 등 권위주의 국가들에서는 정부기관이나 친정부 집단이 가짜뉴스를 퍼뜨려 정치적 프로파간다를 행하는 경우도 적지 않습니다. 이들 권위주의 정부는 정부 비판세력의 주장을 가짜뉴스로 규정하고 정부의 입장에서 무엇이 진실인지 또 허위인지를 자의적으로 결정해 반대 정치세력을 탄압하기도 합니다. 이와 같이 권위주의 국가에서 이뤄지는 가짜뉴스 규제는 당연히 표현의 자유를 침해하고 민주주의에 역행하는 것이죠. 실제로 국가가 가짜뉴스를 판별하는 방식의 규제는 주로 권위주의 국가에서 도입되었습니다. 예를 들어 싱가포르는 2019년 10월 허위조작법을 도입했는데 도입 이후 한 달 간 적용된 4건 모두 야당 및 반정부 인사의 소셜미디어 게시글로 확인되었습니다.

유럽연합과 프랑스, 독일 등 많은 민주주의 국가들도 가짜뉴스에 대응하기 위해 다양한 법적 조치를 취하고 있습니다. 그러나 이들 나라의 접근 방식은 주로 온라인 플랫폼과 소셜미디어에 초점을 맞추는 것이지 국가가 가짜뉴스를 판별하는 방식은 아닙니다. 또한 민주주의 국가에서는 언론사가 가짜뉴스 규제의 대상이 되지는 않습니다.

앞서 언급했듯이 독일은 2018년부터 플랫폼 사업자의 가짜뉴스나 혐오표현 삭제를 의무화하는 법을 제정했고 이 법이 공포된 이후 6개월 동안 모두 5만 7,000여 건의 게시물이 삭제 또는 차단되었습니다. 하지만 심의 대상은 온라인 플랫폼으로 제한됩니다. 독일 규제기관 관계자는 국가가 뉴스 기사 등 미디어의 콘텐츠를 직접 통제할 가능성은 매우 낮다고 확인했습니다.

2018년 선거 관련 허위 정보 규제를 시행한 프랑스의 '정보조작대처법'의 주요 대상 역시 언론사가 아닌 인터넷과 소셜미디어입니다. 프랑스 규제기관 관계자는 뉴스의 진실성에 대한 판단은 저널리즘의 영역이며 국가가 규제해서는 안 된다는 것이 유럽의 기본 입장이라고 밝혔습니다. 이는 언론의 독립성과 자유를 보장하기 위한 조치로 언론에 대한 국가의 직접적인 통제를 피하기 위한 것입니다.

스페인과 폴란드, 오스트리아 등 일부 유럽 국가들은 언론보도까지 규제 대상에 포함시키고 있지만 이들의 규제 범위는 매우 제한돼 있습니다. 2022년 스페인에서는 정치인들이 참여하는 위원회가 가짜뉴스 여부를 판단하도록 했으나 이에 대한 비판이 거세게 일자 국가 안보와 제3국의 선거 개입에 관한 사안으로 규제 범위를 제한하겠다고 밝혔습니다. 폴란드와 오스트리아 역시 선거 기간 동안만 가짜뉴스를 규제하는 방향으로 정책을 설정했습니다.

이러한 점에서 언론 보도를 심의 대상에 포함시키는 한국의 방식은 언론의 독립성을 해치고 정부에 비판적인 목소리를 억압할 수 있는 도구로 변질될 수 있다는 우려를 낳고 있습니다. 한국에서는 방송통신심의위원회가 언론 보도를 포함한 온라인 공간의 정보에 대해 허위성 여부를 판단하는 방식을 채택하고 있습니다. 이러한 접근은 언론의 자유를 제한하고 정부의 입맛에 맞지 않는 보도를 탄압할 수 있는 위험성을 내포합니다.

유엔이 2022년 발표한 〈디지털 시대 언론의 자유와 언론의 안전 강화〉 보고서는 언론에 적용되는 법적 장치가 편집의 자유를 보호하고, 규제기관의 독립성을 유지하며, 언론 매체간 내용 다양성을 보장하도록 해야 한다고 명시하고 있습니다. 또한, 국가는 디지털 플랫폼 등 업체가 적법한 절차 없이 저널리즘 콘텐츠를 제한하거나 삭제하도록 강요하지 않아야 한다고 강조했습니다.

일제 강점기인 1941년에 제정된 조선 임시보안령은 국가에 의한 가짜뉴스 규제가 어떻게 권위주의 국가권력을 위해 사용될 수 있는지 보여주는 사례입니다. 이 법은 유언비어 단속을 목적으로 내세웠지만 실제로는 일제의 식민 지배를 강화하고 조선인의 기본적인 표현의 자유를 억압하는 수단으로 활용되었습니다. 법안의 모호하고 광범위한 언어는 일제 경찰에게 임의적인 해석과 적용을 가능하게 했습니다. 이 법에 따라 시국에 관한 유언비어나 인심을 흔드는 풍문을 유포한 경우 2년 이하의 징역이나 2천 원의 벌금형(당시 교사 월급 24원)에 처해졌고, 일제의 정치적 목적에 따라 어떤 발언이든 유언비어로 간주되어 처벌될 수 있었습니다.

국가기록원에 등재된 기록 중 하나는 1943년 한 농부가 이웃과의 대화 때문에 징역 4개월을 선고받은 사례를 담고 있습니다. 그가 이웃에게 전한 이야기는 다음과 같습니다.

"이 부락에는 여자 공출에 대해 아무런 말도 없었는데 내 이웃 부락에서는 여자아이 3명이 공출하게 됐다. 붉은 종이 1장이 오면

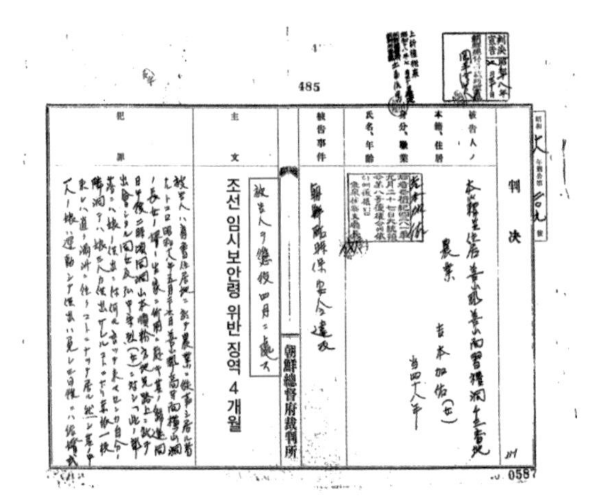
485

判決

被告人ノ本籍、住居

身分、職業

氏名、年齢

被告事件

主文

理由

조선 임시보안령 위반 징역 4개월

朝鮮總督府裁判所

국가기록원에 등재돼 있는 1943년 유언비어죄 징역형 판결문
ⓒKBS뉴스

바로 만주로 가게 되는데 그 중 한 아이는 서둘러 결혼식을 올려 공출을 면했고, 결혼을 하지 않은 아이 둘은 만주로 가야 했다. 당신도 딸 가운데 결혼 안 한 아이가 있다면 빨리 시집을 보내야 좋다."

또 다른 판결문에는 1945년 친구들에게 다음과 같은 이야기를 했다가 허위사실 유포죄로 처벌받은 어부의 이야기도 있습니다.

"매일같이 일본은 공습을 받고 있으며, 일본은 적의 공습으로 모두 화재가 나므로 일본 천황폐하는 지금 경성의 백화점 지하실에 피난해 놀고 있다."

이들이 전한 소식은 당시 일제의 군 위안부 공출이나 일본군의 전선 패배와 같이 사실에 기반한 이야기였음에도 불구하고 일제에 의해 유언비어로 간주되어 처벌되었습니다. 이러한 사례들은 임시보안령이 일제의 식민 통치를 비판하거나 저항하는 모든 목소리를 억압하는 데 사용되었음을 잘 드러냅니다. 중일전쟁이 일어난 1937년부터 2년 동안 '유언비어 유포범'으로 검거된 사람은 360명이었으며, 이 중 대부분이 조선인이었습니다.

이러한 역사적 사례는 가짜뉴스 규제에 대해 얼마나 신중하게 접근해야 하는지 잘 보여줍니다. 가짜뉴스를 규제한다며 국가권력이 어떤 기사의 진실 여부를 판별할 경우 곧바로 표현의 자유를 침해하고 민주주의를 위협할 가능성이 커집니다. 가짜뉴스 문제를 해결하기 위해서는 언론의 자유와 독립성을 최대한 보장하면서 독립적인 팩트체크 기관의 역할을 강화하는 것이 보다 효과적이고 민주적이라는 데 의견이 모이고 있습니다.

2

팩트체크 기관과 언론, 플랫폼 기업의 노력

팩트체크 기관 및 언론의 국제적 협력

전 세계적으로 다양한 팩트체크 기관이 가짜뉴스에 대처하기 위해 많은 노력을 기울이고 있습니다. 이러한 노력은 국경을 넘어선 협업과 연대를 기반으로 할 때 더욱 큰 효과를 보입니다. 가짜뉴스가 소셜미디어를 통해 국경의 제약 없이 확산될 수 있다는 점을 고려하면, 이 문제에 대한 국제적인 협력은 꼭 필요한 것이라고 할 수 있죠.

아르헨티나의 팩트체크 조직인 체케아도(Chequeado)는 라틴 아메리카에서 팩트체크의 선도자 역할을 하고 있습니다. 작은 규모임에도 불구하고 아르헨티나의 주요 언론사와의 제휴를 통해 파급력과 수익성을 높이는 전략을 취하고 있습니다. 체케아도의 데이터 크라

우드소싱 시스템을 활용하면 체케아도가 팩트체크에 이용한 데이터는 물론, 타사 또는 이용자가 공유한 데이터까지 쉽게 찾아볼 수 있습니다. 체케아도는 X와 페이스북 등 소셜미디어에서 수십만 명의 팔로어를 확보하고 있어 사회적으로 큰 영향력을 발휘하고 있습니다.

체크뉴스(CheckNews)는 프랑스의 주요 일간지 중 하나인 리베라시옹(Liberation)이 운영하는 팩트체크 플랫폼입니다. 체크뉴스는 정치성향에 따라 특정한 뉴스만 검증한다는 비판을 피하기 위해 언론사가 팩트체크 항목을 직접 결정하지 않고 독자의 질문에 답변하는 방식으로 운영됩니다. 독자가 문의하는 것 가운데 뉴스가치가 있는 것을 골라 검증하고 답변하는데 모든 질문과 답변은 데이터베이스로 구축되어 언제든 찾아볼 수 있게 돼 있습니다. 이 플랫폼은 다른 나라의 매체와도 협력하며 국제적인 팩트체크 네트워크를 구축하고 있습니다.

프랑스 공영방송인 프랑스24(France 24)는 '옵저버(The Observers)' 프로그램을 통해 시청자들과 협력하고 있습니다. 이 프로그램은 인터넷과 소셜미디어에서 공유되는 사진과 영상 자료의 진위를 확인하는 데 중요한 역할을 합니다. 프랑스24는 다양한 국적과 직업, 배경을 가진 시청자들로부터 취재 관련 정보를 구하고 있습니다. 이 프로그램에 참여한 시청자들은 자신이 살고 있는 지역에 대형 사건이 발생했을 때 관련 정보를 방송사에 제공하며 속보 방송에 기여하기도 합니다. 무엇보다 세계 각지에 거주하고 있는 수천 명의 시

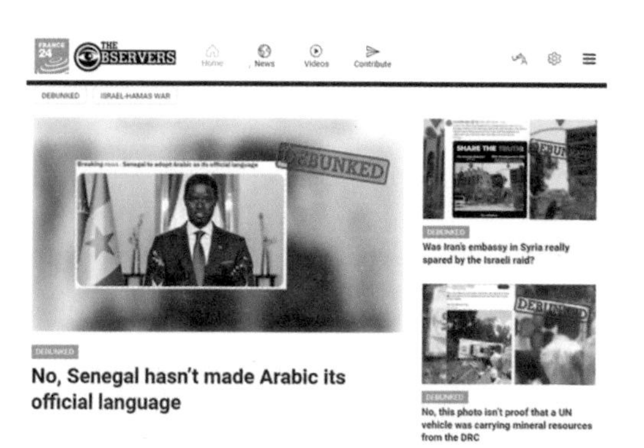

프랑스 공영방송이 운영하는 '옵저버' 프로그램은 여러 국가의 시청자들과 협력해 소셜미디어에서 많이 공유되는 정보의 가짜뉴스 여부를 검증한다 © 옵저버 웹사이트

청자들이 검증 작업에 참여하기 때문에 다양한 시각과 정보를 제공할 수 있다는 것이 장점입니다.

국제팩트체크네트워크(International Fact-Checking Network)는 미국의 저널리즘 연구기관 포인터연구소(Poynter Institute)가 주도하여 설립한 단체로 팩트체크와 관련해 전 세계 언론사들의 협력과 연대를 추구하고 있습니다. 이 네트워크에는 미국의 ABC뉴스, 워싱턴포스트 팩트체커, AP 등 국제적으로 이름난 언론사들이 참여하고 있으며 한국에서는 JTBC가 처음으로 회원사로 인증됐습니다. 네트워크에 소속된 언론사들은 팩트체크가 초당파적이고 투명한 저널리즘의 수단이 되어야 한다는 철학을 공유합니다. 이들은 팩트체크를 수행할 때 일관된 기준을 적용하며 특정한 정치 진영에 치우치지 않고 모든 주장을 공정하게 검증하기 위해 노력합니다. 또한 독자들이 팩트체크 결과를 검증할 수 있도록 사용된 모든 자료 출처를 상세하게 제공하며 재정적 투명성을 유지하기 위해 자금 출처를 공개하도록 돼 있습니다. 이러한 원칙들은 팩트체크의 신뢰성과 객관성을 보장하는 데 중요한 역할을 합니다.

플랫폼 업체의 노력

가짜뉴스 생산 및 확산과 관련해 대형 플랫폼 업체의 책임은 결코 작지 않습니다. 특히 페이스북과 구글, 네이버, 카카오 등 대형 플랫폼들은 지배적인 영향력만큼 가짜뉴스 문제에 대한 사회적 책무 수행을 계속해서 요구 받았습니다. 이에 따라 이들 디지털 플랫폼 업체는 다양한 방식의 대응책을 내놓고 있습니다.

2016년 미국 대선에서 가짜뉴스의 주요 발원지 및 유통장소로 지목되며 강한 비판을 받았던 페이스북은 가짜뉴스 문제에 대응하기 위해 여러 조치를 취했습니다. 페이스북의 최고경영자인 마크 저커버그(Mark Zuckerberg)는 페이스북이 단순한 기술 기업을 넘어 보다 나은 온라인 공동체를 건설하기 위해 노력하겠다고 선언했습니다. 페이스북은 가짜뉴스 감시 인원을 두 배로 늘리고 외부의 팩트체크 전문가에게 검증을 맡기는 등의 조치를 취했습니다. 팩트체크 전문기관과 협력해 가짜뉴스 콘텐츠에 경고 문구를 붙이는 등 대책을 마련하기도 했습니다. 플랫폼 기업이 직접 가짜뉴스 판단에 참여하면 검열 논란에 휘말릴 수 있기 때문에 진실성이 의심된다는 신고가 많이 들어온 게시물을 팩트체크 전문기관에 넘겨 판단을 받도록 했습니다.

페이스북과 구글은 가짜뉴스 사이트를 자사의 광고 서비스에서 퇴출시키는 방법으로 가짜뉴스 제작자의 경제적 유인을 제거하려고 시도했습니다. 가짜뉴스를 서비스하면 더 이상 해당 사이트에는 구글과 페이스북 광고를 붙일 수 없게 돼 경제적으로 큰 타격을 입게 되는 것이죠. 두 회사는 세계 온라인 광고 시장에서 가장 높은 점유율을 차지하는 기업으로, 이러한 경제적 조치는 상당한 의미를 가집니다. 거대 플랫폼 업체가 이렇게 광고를 제한하면 마케도니아 벨레스의 청소년들처럼 돈벌이를 위해 가짜뉴스를 제작하고 전파하는 이들에게 큰 효과가 있을 것입니다.

플랫폼 기업의 대응책 가운데 알고리즘의 수정도 있습니다. 페이스북은 '정확한 콘텐츠(Authentic Content)'인지 여부가 뉴스피드의 게시 순서에 영향을 미치도록 알고리즘을 변경했습니다. 이를 위해 모든 게시물의 정확성 여부를 판단할 수 있는 프로그램을 개발했습니다. 구글은 검색 모니터 요원을 활용해 가짜뉴스를 식별하고 검색 알고리즘을 개선하는 데 노력을 기울였습니다. 1만 명의 모니터 요원들이 게시물의 정확성을 판단해 보고하면 구글은 이를 검색 알고리즘을 개선하는 데 활용합니다. 이러한 조치들은 컴퓨터 알고리즘의 한계를 인간의 노력으로 보완하려는 시도라고 할 수 있습니다.

최근에는 인공지능이 생성한 가짜뉴스에 대한 우려가 커지면서 구글과 아마존, 마이크로소프트, 메타, 오픈 AI 등 주요 인공지능 개발사도 가짜뉴스 대응 노력에 동참하기 시작했습니다. 이들 기업은 인공지능으로 생성된 콘텐츠에 워터마크를 삽입하고 정치 광고에 대한 새로운 규정을 도입하는 등의 조치를 취하고 있습니다.

3

인공지능 기술로 가짜뉴스 잡는다

인공지능은 가짜뉴스 생성과 유포를 매우 쉽게 한다는 우려가 크지만, 동시에 가짜뉴스 문제에 대처할 수 있는 유용한 도구가 되기도 합니다. 기계학습(Machine Learning)을 기반으로 한 인공지능은 대량의 데이터에서 규칙성을 잡아내 가짜뉴스의 특성을 파악하고 식별하는 데 활용 가능하죠. 텍스트 분석을 통해 낚시성 기사를 식별하거나 소셜 미디어에서 정보의 흐름을 모니터링하여 가짜뉴스의 확산을 추적하는 등의 작업에는 인공지능이 이미 사용되고 있습니다.

2018년 한국과학기술원(KAIST) 연구팀이 개발한 '낚시성 기사 판독 프로그램'은 심층학습(Deep Learning) 방식을 활용한 인공지능 모형입니다. 이 모형은 200만 건 이상의 뉴스 기사를 학습하여 낚시성 기사의 패턴을 파악하고, 이를 기반으로 온라인 뉴스 기사가 가짜뉴스인지 판단합니다. 낚시성 기사는 주로 과장되거나 선정적인 제

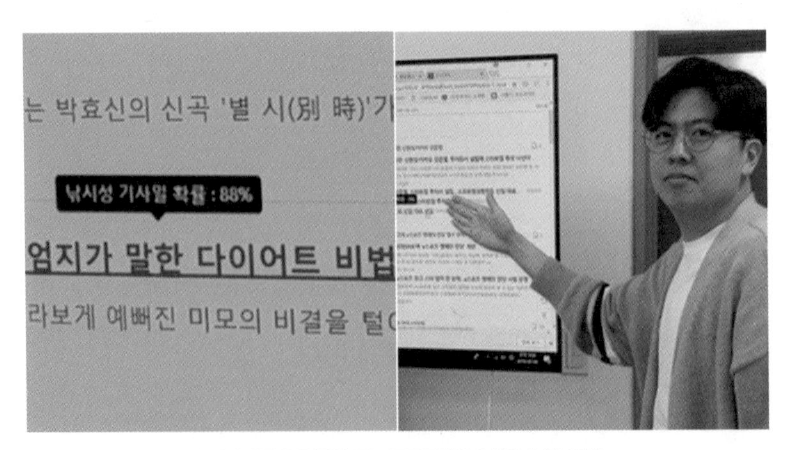

KAIST는 인공지능이 낚시성 제목을 판독해 주는 프로그램을 2018년 선보였다

목을 사용하여 독자의 호기심을 자극하고 클릭을 유도하는 가짜뉴스의 한 유형입니다. 이 프로그램은 이용자가 기사 위에 마우스를 올려놓으면 해당 기사의 URL을 서버로 전송하고, 서버에서 작동하는 인공지능이 기사의 제목과 본문을 분석하여 낚시성 기사일 가능성을 확률로 표시합니다.

2023년 스페인 산티아고데콤포스텔라대 산티아고보건연구소는 챗GPT가 코로나19 백신과 관련해 정확한 정보를 제공하는지 알아봤습니다. 챗GPT의 답변이 정확하다면 이를 이용해 백신과 관련된 가짜뉴스를 가려낼 수 있을 것으로 기대한 것이죠. 우선 연구팀은 백신과 관련해 사람들이 자주 하는 질문 50개를 추렸습니다. 여기에는 과학적으로 검증된 사실과 함께, 실제 소셜미디어에 퍼져있는 허위 정보나 과장된 내용이 섞여 있었습니다. 그 다음 세계보건기구 등이 코로나19 백신에 대해 권고한 내용과 현재까지 과학적으로 검증된 사실을 바탕으로 챗GPT의 답변을 채점했습니다. 채점 결과, 챗GPT 답변은 10점 만점에 평균 9점 이상의 정확도를 나타냈습니다. 연구팀은 챗GPT가 어려운 전문용어를 사용하지 않으면서도 믿을 만한 정보를 제공할 수 있기 때문에 온라인상의 각종 가짜뉴스를 걸러내는 데 유용한 도구가 될 것으로 전망했습니다.

하지만 인공지능이 가짜뉴스 문제를 해결하는 데는 여러 기술적 한계와 문제점이 있습니다. 인공지능은 텍스트의 표면적인 규칙성을 인식하는 데는 능숙하지만 복잡한 맥락이나 은유, 암시, 특정 문화적 배경에 기반한 뉘앙스를 이해하는 데 상당한 한계를 보입니다. 이로 인해 특정 맥락이나 배경 지식을 필요로 하는 뉴스의 진위를 정확하게 판단하기란 쉽지 않습니다. 또한 가짜뉴스의 형태와 전략은 지속적으로 진화하고 있어 인공지능이 새롭게 등장하는 가짜뉴스의 패턴을 신속하게 학습하고 가짜뉴스 판별 작업에 적용하기는 매우 어려운 실정입니다. 딥페이크와 같은 기술을 사용한 가짜뉴스는 특히 식별하기 힘들죠. 딥페이크 같은 콘텐츠는 매우 사실적으로 보이기 때문에 인공지능이 진위를 판별하는 데 큰 어려움을 겪습니다. 대량의 뉴스 콘텐츠를 실시간으로 처리하고 분석하기 위해선 많은 컴퓨터와 전력 등 자원이 크게 필요하다는 점도 무시할 수 없는 문제입니다.

기술적 한계보다 더욱 어려운 문제는 인공지능에 필요한 학습 데이터를 구축하는 과정에서 발생할 수 있는 인간의 편향이나 오류입니다. 학습 데이터를 구축하기 위해선 인간이 데이터를 수집하고 처리한 후에 분류작업을 하며 데이터 하나하나에 표시하는 과정(데이터 레이블링)까지 수행해야 하는데 이러한 과정 전반에 걸쳐 인간의 편향이 개입되기 때문입니다. 우선 가짜뉴스를 식별하기 위해 데이터를 모을 때 특정 출처나 유형의 뉴스만을 선택적으로 수집하면 그 결과로 생성된 인공지능 모형은 이러한 특정 패턴에만 민감하게 반응할 수 있습니다. 즉, 특정 정치적 성향이나 지역적 출처의 뉴스만을 포함시킨 데이터를 학습한 인공지능 모형이 다른 유형의 가짜뉴스를 식별하기는 쉽지 않다는 것이죠. 또한 데이터를 '진짜' 또는 '가짜'로 분류하는 과정에서 개인의 주관적 판단이 개입할 수 있습니다. 특히 뉴스의 진위 판단은 복잡하고 주관적일 가능성이 있으며 뉴스의 내용에 대한 다양한 해석이 존재하는 경우가 많습니다. 데이터 레이블링을 담당하는 사람들의 문화적, 사회적 배경도 인공지능 모형에 편향을 가져올 수 있습니다. 특정 지역이나 문화권에서만 인식할 수 있는 세부적인 뉘앙스나 맥락을 다른 문화권의 사람들은 이해하지 못하는 경우가 많기 때문이죠. 또한 데이터를 판단하는 사람들의 개인적인 선입견이 반영될 가능성도 있습니다. 특히 정치, 사회적으로 민감한 주제를 다루는 뉴스를 판단할 때는 개인의 성별, 나이, 인종적 배경 등이 영향을 미칠 가능성이 큽니다. 이러한 한계들로 인해 인공지능을 가짜뉴스 식별에 활용할 때는 항상 다양한 사람들의 검토와 판단이 병행되어야 하며, 인공지능의 결정을 맹목적으로 신뢰하기보다는 하나의 참고 도구로 활용하는 것이 바람직합니다.

4

비판적으로 생각하기

이제까지 가짜뉴스에 대처하는 여러 가지 방법을 살펴보았습니다. 가짜뉴스에 대처하기 위한 방안으로 정부 주도 정책과 규제 방안을 비롯해 팩트체크 기관이나 언론 등 민간 기관의 협력을 통한 가짜뉴스 대응, 플랫폼 기업들의 자율적인 대응 노력, 인공지능과 기계학습 기술을 활용한 가짜뉴스 식별 등 다양한 접근법이 가능합니다. 하지만 도구와 전략을 보완하고 가짜뉴스 문제에 더욱 효과적으로 대처하기 위해서는 개인의 미디어정보해독능력을 향상시키는 것이 필수적입니다.

미디어정보해독능력은 정보를 비판적으로 분석하고 평가하는 능력을 말합니다. 이는 뉴스의 출처를 확인하고, 내용의 진위를 판단하며, 다양한 관점에서 정보를 해석하는 능력을 포함합니다. 미디어정보해독능력이 높은 개인은 가짜뉴스와 진짜 뉴스를 구별하는 데 능숙하며 가짜뉴스의 유포에 쉽게 동참하지 않습니다.

이러한 능력을 향상시키기 위해서는 교육과 캠페인이 중요한 역할을 합니다. 학교 교육과정에서 미디어정보해독능력 교육을 강화하고 공공 캠페인을 통해 일반대중에 미디어정보해독능력의 중요성을 알리는 것이 필요합니다. 이를 통해 개인들은 뉴스를 비판적으로 분석하고, 다양한 정보 출처를 비교하며, 자신의 편견을 인식하고 극복하는 방법을 배울 수 있습니다. 또한, 온라인 플랫폼과 소셜미디어는 이용자들에게 미디어정보해독능력을 향상시킬 수 있는 도구와 자료를 제공할 수 있습니다. 예를 들어 이들 플랫폼은 팩트체크 서비스와 뉴스 출처의 신뢰도를 평가하는 도구, 가짜뉴스에 대한 교육적 콘텐츠 등을 제공함으로써 이용자들이 정보를 더욱 비판적으로 소비할 수 있도록 합니다.

이와 관련해 2022년 OECD가 발행한 보고서 「Misinformation and disinformation」는 개인의 미디어정보해독능력 향상이 가짜뉴스 대처에 얼마나 유용한지 잘 보여줍니다.[23] 이 보고서에는 2021년 캐나다에서 실시한 실험연구가 소개됐는데 연구의 목적은 가짜뉴스를 공유하는 의도에 영향을 미치는 요인을 이해하는 것이었습니다. 연구팀은 첫 번째 조건의 실험참가자들에게 진짜 뉴스를 제시하고 뉴스가 정확하다고 생각하는지 그리고 그 뉴스를 공유할 의도가 있는지 물었습니다(진짜 뉴스 조건). 두 번째 조건의 사람들에게는 가짜뉴스를 보여주고 같은 질문을 던졌습니다(가짜뉴스 조건). 답변을 분석한 결과 진짜 뉴스 조건보다는 가짜뉴스 조건에서 뉴스를 공유할 가능성이 낮게 나왔지만, 여전히 가짜뉴스를 다른 사람에게 전달할 가능성이 작지 않은 것으로 나타났습니다.

2022년 OECD 보고서에 의하면, 사람들은 미디어정보해독능력을 사용하도록 자극받았을 때 가짜뉴스를 공유하려는 의도가 21%나 줄어들었다 © OECD.org

실험 결과대로 우리가 가짜뉴스를 믿지 않을 때에도 공유할 가능성이 있다면 가짜뉴스가 널리 전파되는 것을 막기는 쉽지 않을 것입니다. 다행히 연구팀은 가짜뉴스의 공유를 주저하게 만드는 장치도 발견했습니다. 뉴스를 공유할 것인지 답하기 전에 '정보의 정확성'에 대한 생각을 떠올려보도록 하는 것입니다(정확성 평가 조건). 실험참가자들은 원래 자신이 읽은 가짜뉴스와는 전혀 상관없는 정보에 대해 정확성을 평가하라는 지시를 받은 후에 가짜뉴스를 공유하려는 의도가 살짝 줄었습니다.

획기적인 변화는 미디어정보해독능력을 자극하는 몇 가지 메시지가 제시되었을 때 나타났습니다(미디어정보해독능력 도움말 조건). 뉴스를 공유할 것인지 답하기 전에 참가자들은 '출처를 조사하세요', '근거를 확인하세요', '다른 기사를 살펴보세요', '기사 제목을 의심하세요', '비정상적인 형식을 조심하세요' 등의 도움말을 제공받았습니다. 미디어정보해독능력 도움말 조건에서는 가짜뉴스를 공유하려는 의도가 21%나 감소한 것으로 나타났습니다. 정확성 평가 조건에서 가짜뉴스 공유 가능성이 감소하는 정도에 비해 3.5배 큰 효과가 나타난 것이죠.

이러한 발견은 가짜뉴스에 제대로 대처하기 위해서는 시민들의 미디어정보해독능력 향상에 필요한 정보와 교육을 적극적으로 제공할 필요가 있다는 것을 시사합니다. 이와 관련해 세계 각국의 정부와 공공기관은 다양한 시도와 노력을 벌이고 있습니다.

이탈리아 정부는 코로나19와 관련된 가짜뉴스를 뿌리 뽑기 위해 팩트체커를 지원하고 '#bastabufale(영어로 Stop fake news를 의미)' 캠페인을 진행했습니다. 영국 내각부는 캠브리지대와 협력하여 '고 바이럴(Go Viral)' 프로그램을 개발하여 시민들이 가짜뉴스를 식별해 낼 수 있도록 지원하고 있습니다. 캐나다 온타리오주와 미국 워싱턴주는 학생들이 미디어정보해독능력 교육을 의무적으로 받도록 정규 교육 과정에 편성하고 있습니다. 또, 호주 정부는 유권자들이 선거 정보의 출처를 확인하도록 장려하는 'Stop and Consider' 캠페인을 진행했으며, 벨기에 정부는 일반대중에게 가짜뉴스를 알리는 웹사이트를 운영하고 있습니다. 이러한 캠페인과 교육 프로그램은 시민들이 정보를 비판적으로 분석하고 평가하는 능력을 키우는 데 중요한 역할을 합니다.

그렇다면 시민들은 가짜뉴스를 구별해 내고 함부로 공유하지 않기 위해 각자 어떤 노력을 해야 할까요? 미국 펜실베이니아대의 지원을 받는 팩트체커 전문기관 팩트체크닷오알지(factcheck.org)는 가짜뉴스를 식별하고 이에 대처할 수 있는 방안 8가지를 제안합니다.[24]

❶ **출처를 확인하기:** 뉴스의 출처를 확인하는 것은 가짜뉴스를 식별하는 첫 번째 단계입니다. 출처의 신뢰성, 사명, 목적을 이해하면 해당 뉴스가 객관적인 정보를 제공하는지 아니면 특정한 목적을 가지고 있는지 판단할 수 있습니다. 신뢰할 수 있는 출처는 일반적으로 검증된 사실과 명확한 출처를 제공합니다. 하지만 출처 확인만으로는 충분하지 않을 수 있습니다. 최근에는 사기성 콘텐츠 제작자들이 믿을 만한 뉴스 출처를 도용하여 사람들을 속이는 경우가 증가하고 있습니다. 따라서 여러 가지 추가적인 조치들이 필요합니다.

❷ **제목 너머를 읽기:** 가짜뉴스는 주로 자극적인 제목을 사용하여 독자의 주의를 끌지만 실제 내용은 제목과 다를 수 있습니다. 전체 기사를 읽고 제목이 제공하는 정보가 정확한지 아니면 오해의 소지가 있는지 확인할 필요가 있습니다.

❸ **저자 확인하기:** 기사의 저자가 누구인지 확인하는 것도 중요합니다. 저자가 실제 인물인지, 해당 분야에 대한 전문 지식이나 경험이 있는지를 알아보면 기사의 신뢰성을 평가하는 데 도움이 됩니다.

❹ **근거 출처 평가하기:** 기사에 제시된 주장이나 사실이 다른 신뢰할 수 있는 출처에 의해 뒷받침되는지 확인합니다. 이는 기사의 주장이 단순

한 의견이 아니라 실제 사실에 기반하고 있는지를 판단하는 데 중요합니다.

❺ **게시 날짜 확인하기:** 기사의 게시 날짜를 확인하여 그 내용이 최근에 나

팩트체커 전문기관 팩트체크닷오알지에서 제안한 가짜뉴스 대응 방안

온 것인지 관련성이 있는지 확인합니다. 오래된 뉴스가 현재 상황과 관련 없이 재배포되는 경우가 종종 있으며 이는 가짜뉴스로 기능합니다.

❻ **농담 여부 확인하기:** 일부 기사는 풍자나 유머의 목적으로 작성됩니다. 이러한 기사는 실제 사실에 기반하지 않았을 가능성이 있으므로 풍자적 의도가 있는지 확인해야 합니다.

❼ **자신의 편견 검토하기:** 우리 모두는 특정한 편견을 가지고 있으며 이러한 편견이 정보를 해석하는 방식에 영향을 미칠 수 있습니다. 자신의 선입견이나 편견이 판단에 영향을 미치고 있는지 자문해 보는 것이 중요합니다.

❽ **전문가에게 문의하기:** 뉴스의 진위를 확신할 수 없을 때는 해당 분야의 전문가나 독립적인 사실 확인 기관에 문의하여 확인을 받는 것이 좋습니다. 전문가의 의견은 뉴스의 신뢰성을 평가하는 데 도움이 됩니다.

2020년 3월 BBC는 가짜뉴스를 퍼뜨리지 않는 방법에 대한 기사를 보도했습니다. 당시는 코로나19의 유행과 함께 가짜뉴스의 확산이 큰 문제가 된 시기였습니다. BBC가 제안한 7가지 방법은 다음과 같습니다.

❶ **일단 멈추고 생각하라:** 정보를 받았을 때 재빨리 공유하고 싶은 유혹을 느낄 수 있습니다. 하지만 잘못된 정보를 퍼뜨리지 않기 위해서는 먼저 멈추고 생각하는 것이 중요합니다. 의심스러운 정보는 추가로 확인해보세요.

❷ **출처를 확인하라:** 정보를 공유하기 전에 그 정보가 어디서 왔는지 확인하는 것이 중요합니다. '친구의 친구'나 '이모의 동료의 이웃'과 같이 불분명한 출처는 신뢰하기 어렵습니다. 신뢰할 수 있는 공중보건 기관이나 공식 계정의 정보를 참고하세요.

❸ **가짜 가능성을 의심하라:** 가짜뉴스는 종종 신뢰할 수 있는 출처를 사

칭합니다. 공식 계정과 웹사이트를 확인하고 정보를 쉽게 찾을 수 없다면 의심할 필요가 있어요.

❹ **확실하지 않으면 공유하지 말라:** 의심스러운 정보는 공유하지 않는 것이 좋습니다. 정보의 출처가 불분명하거나 내용이 의심스러운 경우 공유를 자제하세요.

❺ **사실을 개별적으로 확인하라:** 긴 조언 목록이나 정보를 받았을 때 그중 일부만 사실이라도 전체를 믿지 마세요. 나머지 정보가 사실이 아닐 수 있습니다.

❻ **감정적인 게시물을 조심하라:** 두려움, 분노, 불안 등 감정을 유발하는 게시물은 쉽게 확산됩니다. 긴급하고 감정적인 요청이 담긴 게시물에 특히 주의하세요.

❼ **동의한다고 공유하지 말라:** 사실인지 확인하지 않고 단순히 동의하기 때문에 정보를 공유하는 것은 위험합니다. 자신의 믿음을 강화하는 게시물에 대해서도 신중하게 접근하세요.

가짜뉴스를 구분하는 8가지 방법과 가짜뉴스를 쉽게 공유하지 않기 위한 7가지 방법은 가짜뉴스의 복잡한 세계를 탐색하고 식별하며 이에 대응하는 데 필요한 중요한 도구입니다. 이러한 방법들은 우리가 정보의 바다를 더욱 현명하고 책임감 있게 항해하는 데 큰 도움이 될 것입니다. 중요한 것은 이러한 도구를 일상에서 적극적으로 활용하는 것입니다. 가짜뉴스에 대한 경각심을 가지고, 정보를 비판적으로 분석하며, 신중하게 행동하는 것이 필요합니다.

이를 통해 우리는 사회 전체에 유통되는 정보의 질을 높이고 건강한 공론장을 유지하는 데 기여할 수 있습니다. 가짜뉴스에 맞서 싸우는 것은 일부 개인이나 단체, 정부뿐만 아니라 우리 모두 함께 노력해야 하는 지속적인 과정임을 기억합시다.

1 가짜뉴스가 심각한 문제로 떠오르면서 유럽의 몇몇 국가에서는 가짜뉴스를 규제하는 법안이 제정되기도 했습니다. 우리나라에서도 방송통신위원회 등 국가 기관이 주도하는 가짜뉴스 제재 방안이 힘을 얻고 있습니다. 하지만 국가 차원의 가짜뉴스 규제는 사전 검열과 표현의 자유 침해라는 위험성을 내포하고 있습니다. 법과 제도를 통한 가짜뉴스 규제 방안의 효율성과 위험성에 대해 종합적으로 생각해 봅시다.

2 가짜뉴스로 인한 피해를 줄이기 위해 전 세계적으로 다양한 팩트체킹 기관과 언론, 플랫폼 기업이 온라인 정보의 가짜뉴스 여부를 검증하기 위해 노력하고 있습니다. 여러분은 특정 콘텐츠의 가짜뉴스 여부를 검증한 팩트체크 기사를 본 적이 있나요? 있다면 그 기사의 내용은 무엇이었는지, 팩트체크 기사가 여러분에게 어떤 도움이 되었는지 생각해 봅시다.

3 기술이 발전할수록 정보를 유포하는 방식이 진화하기 때문에 가짜뉴스의 영향력도 커지는 경향이 있습니다. 특히 인터넷이 등장하고 소셜미디어 이용이 대중화된 최근에는 가짜뉴스를 빠르고 널리 확산하는 것이 가능해졌습니다. 소셜미디어에서 가짜뉴스를 공유하지 않기 위해 여러분이 할 수 있는 노력에는 어떤 것들이 있는지 생각해 봅시다.

4 2020년 BBC는 일단 멈추고 생각하라, 출처를 확인하라, 가짜 가능성을 의심하라, 확실하지 않으면 공유하지 말라, 사실을 개별적으로 확인하라, 감정적인 게시물을 조심하라, 동의한다고 공유하지 말라 등 가짜뉴스를 퍼뜨리지 않기 위한 7가지 방법을 제안한 바 있는데요, 이 중에서 여러분이 현재 실천하고 있는 것이 있나요? 있다면 모두 몇 가지인가요? BBC가 제안한 7가지 방법 가운데 여러분이 실천할 수 있는 것을 3가지 이상 골라서 오늘부터 당장 실천해 봅시다.

맺음말

지금까지 우리는 가짜뉴스가 무엇인지, 누가 어떤 목적으로 가짜뉴스를 만드는지, 왜 사람들은 가짜뉴스를 쉽게 믿고 공유하는지 그리고 가짜뉴스 문제 해결을 위해 우리는 어떤 노력을 할 수 있는지 등에 대해 이야기를 나눠 봤습니다. 그야말로 가짜뉴스의 모든 것을 꼼꼼하게 알아보고 지혜롭게 대처하기 위한 노력이었습니다.

이를 통해 우리는 가짜뉴스가 결코 새로운 현상이 아니라는 것을 알게 되었습니다. 고대 로마에서 옥타비아누스는 정치적 경쟁자인 안토니우스를 공격하기 위해 가짜뉴스를 이용했습니다. '바람둥이', '꼭두각시', '배신자' 등 안토니우스의 이미지를 훼손할만한 이야기들을 꾸며내 이를 동전에 새겼습니다. 동전과 함께 가짜뉴스가 퍼져나가면서 안토니우스에게 불리한 여론이 조성돼, 결국 옥타비아누스는 로마 황제의 자리에 오를 수 있었죠. 옥타비아누스의 사례는 2,000년 전 이야기이지만 가짜뉴스는 이보다 훨씬 더 긴 역사를 가지고 있습니다. 아마도 인류 역사와 함께 시작되었을 것입니다. 인간에게는 이야기를 만들어 내는 능력이 있기 때문이죠. 인간은 이야기를 통해 보이지 않는 것을 묘사할 수 있고, 존재하지 않는 사실도 지어낼 수 있으니 이야기를 만들어 내는 인간의 능력은 곧 가짜뉴스를 만드는 능력이기도 합니다. 그러니까 인류 역사가 계속되는 한 가짜뉴스도 계속될 것입니다.

우리는 인류의 진화가 가짜뉴스를 쉽게 믿는 방향으로 이루어졌다는 점도 확인할 수 있었습니다. 사람은 기본적으로 남의 말을 잘 믿습니다. 인간이 공동체를 이루어 살면서 다른 사람의 말을 불신하고 끊임없이 의심하는 방향으로 진화했다면 우리는 지금보다 훨씬 피곤한 삶을 살고 있을 것입니다. 새로운 정보를 진실이라고 믿는 것은 사회를 이루며 살아가는 인간의 보편적 삶의 방식입니다. 여기에 인지적 자원을 최대한 아끼려고 하는 구두쇠 성향이 더해지면서 진실과 거짓을 구분하기 더 어려워지게 됐습니다. 똑똑한 것으로는 누구에게도 뒤지지 않을 하버드대 학생들이 인지적 숙고 시험에서 겨우 50점을 받았다는 사실은 머리가 좋은 사람이나 그렇지 않은 사람이나 정보의 진위를 가리기 위해 최선을 다하지는 않는다는 것을 보여줍니다. 새로운 정보를 꼼꼼하게 살펴보고 비판적으로 검증하는 것보다는 내 생각과 비슷한 의견을 담고 있는지, 평소 관심 있었던 내용인지 생각하는 게 더 빠르고 효율적입니다. 내가 원래 가지고 있던 생각과 모순되는 정보는 진실이라도 마음을 불편하게 만들지만, 기존의 생각을 지지하는 의견을 담고 있으면 가짜뉴스라도 매력적으로 보일 수 있습니다.

그러나 가짜뉴스가 인류 역사만큼이나 오래되었고 가짜뉴스를 쉽게 믿어 버리는 것이 인간이 정보를 처리하는 기본적인 방식과 관련되어 있다고 해서 가짜뉴스 문제의 해결을 포기한다면 어떤 일이 벌어질까요? 우리가 함께 살펴본 다양한 사례들은 가짜뉴스의 위험성을 강력하게 경고하고 있습니다. 소셜미디어를 통해 순식간에 퍼져나간 '호파도라 괴담'은 죄 없는 인도 청년 수십 명의 목숨을 앗아갔습니다. 영문도 모른 채 집단 폭행을 당하고 사망에 이른 이들을 생각하면 참으로 안타까울 따름입니다. 가짜뉴스를 전파한 사람들은 자신의 가족과 마을을 지키고자 했던 순수한 인도 사람들이었습니다. 코로나19가 전 세계에 확산하던 당시 고농도 알코올을 마시고 800여 명이 사망한 사건 역시 소중한 친구와 가족을 질병으로부터 지키려던 사람들이 서로 주고받은 가짜뉴스가 원인이 되었습니다. 아무리 순수한 의도에서 비롯된 일이라 하더라도 검증 없이 가짜뉴스를 전달하는 일은 이처럼 위험한 결과를 초래하기도 합니다.

더욱 심각한 것은 가짜뉴스를 생산하고 널리 전파하려는 사람 중에는 의도를 가진 이들이 다수 포함되어 있다는 점입니다. 독일의 극우 정당은 인공지능으로 만든 가짜 사진을 이용해 이민자에 대한 부정적 편견을 강화하고 불안을 선동했습니다. 미국에서는 조지 플로이드의 죽음과 이를 계기로 발생한 흑인 인권 시위에 배후세력이 있다는 가짜뉴스가 퍼졌습니다. 근거 없는 주장이었지만 트럼프 전 대통령이 배후설 전파에 동참하면서 가짜뉴스의 영향력을 키우기도 했습니다. 우리나라에서는 선거철마다 5 · 18 역사 왜곡이나 특정 집단의 북한 연계설 등이 가짜뉴스의 주요 소재가 되곤 합니다. 이러한 가짜뉴스를 만들고 확산하는 이들이 노리는 것은 무엇일까요? 아마도 사회 안에서 특정 집단에 대한 혐오와 반감을 확산하고 그들에 대한 차별을 정당화함으로써 자기들의 정치적 영향력을 확대하고 지지 세력을 결집하는 것이겠지요. 문제는 그로 인해 발생하는 사회적 갈등과 불안은 우리 사회 구성원 모두가 감당해야 하는 숙제라는 사실입니다.

누군가는 돈을 목적으로 가짜뉴스를 만듭니다. 마케도니아의 시골 마을 벨레스의 청소년들은 오로지 돈벌이를 위해 2016년 미국 대통령 선거와 관련된 가짜뉴스를 마구잡이로 만들어 냈습니다. 자극적인 제목의 가짜뉴스로 벌어들인 한 달 광고 수익이 벨레스 노동자 평균 월급의 5배 이상이었다고 하니 가짜뉴스야말로 고수익을 보장하는 사업이라고 할 수 있겠죠. 하지만 그들이 만들어 낸 가짜뉴스가 다른 나라 선거에 영향을 미치고 민주주의를 훼손한 결과는 어떻게 책임질 수 있을까요? 우리나라에서도 가짜뉴스 생성을 도와주는 대가로 수익을 챙기는 사이트가 등장한 적이 있습니다. 이 사이트는 가짜뉴스 생성과 유포가 마치 재미있는 장난인 것처럼 포장했지만 만들어진 가짜뉴스가 주식시장에 영향을 미치는 바람에 수많은 투자자가 피해를 보는 사건이 발생하기도 했습니다.

주요 전쟁의 첫 장면마다 가짜뉴스가 등장했다는 점 또한 반드시

짚어야 할 내용입니다. 1898년 미국-스페인 전쟁의 시작에는 메인호 폭발 사건이 있었습니다. 메인호는 함선 내부에서 발생한 폭발로 침몰했지만, 미국의 황색 언론은 스페인이 고의로 메인호를 폭파했다는 가짜뉴스를 보도했습니다. 1964년에는 통킹만에서 미 해군의 구축함이 북베트남의 공격을 받았다는 허위정보가 미국의 베트남 전쟁 참전을 정당화하는 계기가 되었습니다. 1939년 독일 나치 정권은 아예 폴란드군이 독일 라디오 방송국을 습격한 것처럼 꾸며내고 그 자작극을 핑계로 폴란드를 침공해 2차 세계대전의 서막을 열었습니다. 이들 전쟁에서 발생한 수많은 사상자와 파괴된 삶의 터전을 생각하면 가짜뉴스의 위험성은 결코 사소하게 치부될 수 없습니다. 이것이 바로 우리가 가짜뉴스 문제 해결을 위해 함께 노력해야 하는 이유입니다.

전 세계적으로 다양한 팩트체크 기관이 가짜뉴스 문제에 대응하기 위해 공동의 노력을 기울이고 있습니다. 프랑스 일간지 리베라시옹은 체크뉴스라는 플랫폼을 통해 여러 나라의 매체와 공동으로 팩트체크를 수행하는 네트워크를 구축했습니다. 프랑스 공영방송인 프랑스24는 다양한 국적과 직업을 가진 시청자들과 협력하는 '옵저버' 프로그램을 운영합니다. 미국의 저널리즘 연구기관 포인터연구소가 설립한 국제팩트체크네트워크는 전 세계의 언론사와 협력하면서 신뢰성과 객관성을 추구합니다. 최근에는 가짜뉴스 유통의 주요 통로가 되는 디지털 플랫폼 업체도 가짜뉴스를 감시하고 개입하는 데 힘을 보태기 시작했습니다.

이처럼 가짜뉴스에 대처하기 위한 노력은 계속되고 있지만, 가짜뉴스 문제를 완전히 해결하기에는 역부족입니다. 기술의 발전과 함께 정보가 유포되는 방식이 급속도로 진화하면서 가짜뉴스의 영향력도 더 커지고 있기 때문입니다. 소셜미디어상의 정보 공유는 가짜뉴스를 더 넓은 범위로 빠르게 확산시킵니다. 생성형 인공지능은 간단한 명령어 입력만으로도 진짜 같은 사진이나 동영상을 뚝딱 만들어 냅니다. 정보를 비판적으로 분석하고 평가하려는 개개인의 노력이 필요한 이유가 여기에 있습니다. 정보의 출처는 어디인가? 누가 작성한 기사인가? 언제 작성된 기사인가? 주장을 뒷받침하는 근거가 있나? 나의 편견이 작용하고 있지는 않은가? 새로운 정보를 접할 때마다 이러한 질문을 던져 볼 필요가 있습니다. 물론 하나의 정보를 받아들이기 위해 매번 이런 노력을 기울이기는 절대 쉽지 않습니다. 하지만 이 책의 맺음말을 읽고 있는 여러분은 가짜뉴스 문제를 지혜롭게 해결하기 위한 노력을 이미 시작한 것이 아닐까요? 나와 가족, 친구들의 건강한 삶을 위해 그리고 내가 속한 공동체의 건강한 작동을 위해 가짜뉴스를 꼼꼼히 살펴보고 지혜롭게 대처하려는 노력을 꾸준히 해 나갑시다. 여러분의 첫걸음을 응원합니다.

참고 문헌

1 머니투데이: '신림 흉기난동' 조선=조선족?… 실제 조선족 범죄율 찾아보니 (https://news.mt.co.kr/mtview.php?no=2023072715431084673&outlink=1&ref=%3A%2F%2F) 이 기사는 경찰청범죄통계를 근거로 조선족의 범죄율이 높다는 인식은 사실과 다르다는 점을 강조합니다.

2 BBC: The saga of 'Pizzagate': The fake story that shows how conspiracy theories spread (https://www.bbc.com/news/blogs-trending-38156985) BBC 기사는 피자게이트 음모론이 어떻게 확산되었는지, 수천 명의 사람들이 워싱턴 피자 레스토랑과 아동 성매매 집단에 대한 잘못된 소문을 왜 믿고 퍼뜨렸는지 조사했습니다.

3 Merriam-Webster: The Real Story of 'Fake News' The term seems to have emerged around the end of the 19th century (https://www.merriam-webster.com/wordplay/the-real-story-of-fake-news) 이 기사는 'fake news'라는 용어가 언제 어떻게 쓰였는지 그 역사를 살펴봅니다.

4 JSTOR Daily: How the Sun Conned the World With 'The Great Moon Hoax' (https://daily.jstor.org/how-the-sun-conned-the-world-with-the-moon-hoax/) 이 기사는 'The Great Moon Hoax'에 대한 내용을 담고 있습니다.

5 First Draft: Fake news. It's complicated. (https://firstdraftnews.org/articles/fake-news-complicated/) 이 기사는 가짜뉴스의 7가지 유형을 소개합니다.

6 Rappler: Has change really come? Misleading graphs and how to spot them (https://www.rappler.com/voices/thought-leaders/177731-duterte-change-fake-news-graphs-spot/) 이 기사는 필리핀 두테르테 대통령 당시 살인 사건 통계와 관련해 왜곡된 그래프 사례를 제시합니다.

7 Huffpost: Ferial Haffajee: The Gupta Fake News Factory And Me (https://www.huffingtonpost.co.uk/entry/ferial-haffajee-the-gupta-fake-news-

factory-and-me_uk_5c7eaa44e4b078abc6c24e7f) 이 기사는 조작된 콘텐츠의 피해자가 된 남아프리카 공화국 편집장의 사례를 다룹니다.

8 The Guardian: Orthodox Jewish paper apologises for Hillary Clinton deletion (https://www.theguardian.com/world/2011/may/10/jewish-paper-apologises-hillary-clinton) 이 기사는 극단적 근본주의 유대계 신문의 사진 왜곡 사례를 다룹니다.

9 Elite Daily: Those 'Text Your Vote' Ads Are Really Trump Trolls Tricking You Out Of Voting (https://www.elitedaily.com/news/politics/trump-trolls-hillary-clinton-voting-text-message/1680338)

10 서울신문: '독일서 난민이 러시아 소녀 성폭행' 괴담에 독일-러시아 설전 (https://www.seoul.co.kr/news/newsView.php?id=20160128800127)

11 Lilienfeld, S. O., Ammirati, R., & Landfield, K. (2009). Giving debiasing away: Can psychological research on correcting cognitive errors promote human welfare? Perspectives on Psychological Science, 4(4), 390-398. 이 논문은 사람들이 확증편향을 극복하기 어려운 이유들을 제시합니다.

12 Frederick, S. (2005). Cognitive reflection and decision making. Journal of Economic Perspectives, 19(4), 25-42. 이 논문은 사람들이 인지적 숙고를 거치지 않고 정보를 판단하는 경향이 있다는 것을 보여 줍니다. 또, 이러한 경향이 개인의 지능과는 무관하다는 근거를 제시합니다.

13 Timothy R. Levine, Narissra M. Punyanunt-Carter & Alivia Moore (2021) The Truth-Default and Video Clips: Testing the Limits of Credulity, Communication Studies, 72(2), 133-145. 이 논문은 사람들이 자신에게 주어진 정보를 별다른 의심 없이 받아들이는 일관적 경향이 있다는 실험 결과를 보여 줍니다.

14 Smithsonian Magazine: The Fake British Radio Show That Helped Defeat the Nazis (https://www.smithsonianmag.com/history/fake-british-radio-show-helped-defeat-nazis-180962320/) 이 기사는 2차 세계대전 중 영국 정치

전집행부의 가짜 라디오 방송 사용에 대한 심층적인 조사를 제공합니다.

15 서울신문: 올해 가짜뉴스 연관 인물 1위 박근혜 전 대통령… 2위 문재인 (https://www.seoul.co.kr/news/newsView.php?id=20170320800041) 이 기사는 인종차별이나 난민 혐오가 가짜뉴스의 주된 소재가 되는 미국이나 유럽과 달리 정치적 또는 이념적 갈등이 가짜뉴스의 소재가 되는 한국의 상황을 다룹니다.

16 이데일리: '가짜 칼로 피도 연출' 이재명 피습에 '음모론' 꺼내든 유튜버들 (https:/www.edaily.co.kr/news/read?newsId=03667046638753784&mediaCodeNo=0) 이 기사는 이재명 더불어민주당 대표 피습 사건에 대한 음모론을 제기하는 보수 유튜버들의 사례를 다룹니다.

17 자유일보: 이재명 피습… 칼 아닌 '나무젓가락' 의혹 (https://www.jayupress.com/news/articleView.html?idxno=24742) 이 기사는 이재명 더불어민주당 대표가 종이나 나무젓가락으로 공격을 당했다는 음모론을 제기합니다.

18 뉴스타파: 전두환이 '5·18 북한개입설' 원조… 북한군 2~3천 명 비정규전쟁 기획 (https://newstapa.org/article/xhhoU?reset_cache) 이 기사는 일본 외무성 문서를 통해 광주민주화운동 당시 신문사 편집국장들이 모인 자리에서 '북한군 개입설'을 주장한 전두환 당시 보안사령관의 발언을 다룹니다.

19 Islam, M. S., Sarkar, T., Khan, S. H., Kamal, A.-H. M., Hasan, S. M., Kabir, A., Yeasmin, D., Islam, M. A., Chowdhury, K. I. A., & Anwar, K. S. (2020). COVID-19-related infodemic and its impact on public health: A global social media analysis. The American Journal of Tropical Medicine and Hygiene, 103(4), 1621-1629. 이 논문은 코로나19 확산 상황에서 온라인에 유통된 정보의 진위를 검증합니다.

20 Lee, S., Gil de Zúñiga, H., & Munger, K. (2023). Antecedents and consequences of fake news exposure: A two-panel study on how news use and different indicators of fake news exposure affect media trust. Human Communication Research, hqad019. 이 논문은 패널 조사를 통해 가짜뉴

스에 노출된 사람들이 기성 언론을 불신하게 된다는 연구 결과를 보여 줍니다.

21 Choi, J., & Lee, J. K. (2022). Confusing effects of fake news on clarity of political information in the social media environment. Journalism Practice, 16(10), 2147-2165. 이 논문은 가짜뉴스에 많이 노출된 사람들이 가짜뉴스에 등장한 정치적 사안을 정확하게 판단할 가능성이 낮다는 사실을 보여 줍니다.

22 Hameleers, M., Brosius, A., & de Vreese, C. H. (2022). Whom to trust? Media exposure patterns of citizens with perceptions of misinformation and disinformation related to the news media. European Journal of Communication, 37(3), 237-268. 유럽 10개국에서의 설문조사 결과는 언론이 가짜뉴스의 출처라는 인식이 강할수록 언론이나 언론인에 대한 신뢰가 낮다는 것을 보여 줍니다.

23 OECD (2022). Misinformation and disinformation: An international effort using behavioral science to tackle the spread of misinformation, OECD Public Governance Policy Papers, No. 21, OECD Publishing, Paris, https://doi.org/10.1787/b7709d4f-en. OECD 보고서에 소개된 연구에 따르면 사람들은 미디어정보해독능력을 자극받았을 때 가짜뉴스를 공유하려는 의도가 줄어드는 것으로 나타났습니다.

24 FactCheck.org: How to Spot Fake News (https://www.factcheck.org/2016/11/how-to-spot-fake-news/)

NEWS
FAKE NEWS